国家语委 2015 年科研项目"四川省农村普通话普及现状调查与研究"（编号 YB125-168）课题成果

四川方言区普通话训练教程

主　编：王　浩　代晓冬

副主编：耿文忠　唐　林　明　丽

吴靖晗　严　曦

南开大學出版社

天　津

图书在版编目(CIP)数据

四川方言区普通话训练教程 / 王浩，代晓冬主编
. —天津：南开大学出版社，2018.3(2021.4 重印)
ISBN 978-7-310-05552-4

Ⅰ．①四… Ⅱ．①王… ②代… Ⅲ．①普通话－教材
Ⅳ．①H102

中国版本图书馆 CIP 数据核字（2018）第 026049 号

四川方言区普通话训练教程
SICHUAN FANGYANQU PUTONGHUA XUNLIAN JIAOCHENG

南开大学出版社出版发行
出版人：陈　敬
地址：天津市南开区卫津路 94 号　　邮政编码：300071
营销部电话：(022)23508339　营销部传真：(022)23508542
http://www.nkup.com.cn

天津泰宇印务有限公司印刷　全国各地新华书店经销
2018 年 3 月第 1 版　　2021 年 4 月第 2 次印刷
210×148 毫米　32 开本　8 印张　227 千字
定价：25.00 元

如遇图书印装质量问题，请与本社营销部联系调换，电话：(022)23508339

前　言

　　四川省位于中国的西南部，地处长江上游，介于东经 92°21′～108°12′和北纬 26°03′～34°19′之间，东西长 1075 余公里，南北宽 900 多公里。东连湘、鄂，南邻滇、黔，西接西藏，北界青、甘、陕三省。面积达 48.6 万平方公里，次于新疆、西藏、内蒙古和青海，居全国第五位。

　　全省地貌东西差异大，地形复杂多样。四川位于中国大陆地势三大阶梯中的第一级和第二级，即处于第一级青藏高原和第二级长江中下游平原的过渡带，高低海拔相差悬殊，西高东低特点特别明显。西部为高原、山地，海拔多在 4000 米以上；东部为盆地、丘陵，海拔多在 1000～3000 米之间。全省可分为四川盆地、川西北高原和川西南山地三大部分。

　　四川盆地是中国四大盆地之一，面积 16.5 万平方公里。盆地北部为秦岭，东部为米仓山、大巴山，南部为大娄山，西北部被龙门山、邛崃山等山地环绕。该区气候温暖湿润，冬暖夏热，大部分地区年降水量达 900~1200 毫米，属亚热带湿润季风气候，植被为亚热带常绿阔叶林。农业利用方式为一年两熟制。盆地西部为川西平原，土地肥沃，为都江堰自流灌溉区，土地生产能力高；盆地中部为紫色丘陵区，海拔 400~800 米，地势微向南倾斜，岷江、沱江、涪江、嘉陵江从北部山地向南流入长江；盆地东部为川东平行岭谷区，分别为华蓥山、铜锣山、明月山。

　　四川省简称川或蜀。在商周时期，四川地区建立了两个国家：一个是在今川西地区，以古蜀族为中心建立的蜀国；另一个是在今川东地区（包括今重庆市），以古巴族为中心建立的巴国。所以，四川地区古称"巴蜀"。公元前 316 年，秦灭巴蜀，置巴蜀二郡，汉属益州，唐属剑南道及山南东、西等道。宋置川陕路，后分置益、梓、利、夔四路，总称四川路，至此始有四川之名。元设四川行中书省，简称"四川行省"。明置四川布政使司，辖区内还包括今贵州省遵义市和云南东北部及贵州西北部。清设四川省，并对川、滇、黔 3 省省界进行了较大的调整，基本确定了现在四川的南部省界。

民国时期，将今四川西部分治为西康省，1955 年西康省划归四川。1997 年将四川分为今重庆直辖市和四川省，川渝分治。四川省辖 18 个市、3 个民族自治州。

四川享有"天府之国"的美誉。优越的地理条件和经济条件使四川成为中国经济开发最早的地区之一。据考古证明，旧石器时期，在今四川境内就有人类活动，在距今 4000～5000 年前，成都平原地区是长江上游区域文化的起源中心。其中广汉三星堆和成都金沙遗址是古蜀国政治经济和文化中心。农业文明和城市文明很早兴起，历史上四川的农业、冶金、丝织、建筑等都得到一定发展。

据 2016 年全国 1%人口抽样调查资料测算，四川全年出生人口 86.1 万人，人口出生率 10.48‰；死亡人口 57.4 万人，人口死亡率 6.99‰；人口自然增长率 3.49‰。年末常住人口 8262 万人，比 2015 年末增加 58 万人，其中城镇人口 4065.7 万人，乡村人口 4196.3 万人。常住人口城镇化率 49.21%，比上年末提高 1.52 个百分点。

四川省的语言资源十分丰富，除了有诸多少数民族语言，汉语方言的分歧也不小，普通话推广工作就显得十分必要。从 1956 年国家做出推广普通话的指示开始，60 多年来全国进行了轰轰烈烈的推广普通话运动，本书作为教育部国家语委"四川省农村普通话普及现状调查与研究"课题成果，也是对四川 60 余年来推普成果的一个总结。我们主要选取了四川省的各大方言区进行调查研究，并且针对性地对各方言区和少数民族地区学习普通话提出一些意见和建议。特别对全国及四川语言和方言的分布做了大致的介绍。在声母、韵母、声调、变调、词汇语法方面，主要针对四川官话方言中的成渝片、仁富小片、岷江小片、雅棉小片和少数民族地区的语言现状，提出了针对性的普通话学习意见，并且对相关法律法规进行了介绍。

　　本书的编撰主要集中了四川理工学院普通话教学和研究的骨干力量，老中青结合，总结多年普通话培训测试的经验，尽量兼顾四川不同方言区和少数民族的不同情况，希望能为大家尽快掌握普通话，顺利通过普通话测试尽一份力。全书的编撰具体分工如下：第一章由严曦老师负责编写；第二章由代晓冬教授负责编写；第三章由明丽老师负责编写；第四章由王浩老师负责编写；第五、六、七章由耿文忠老师负责编写；第八章由吴靖晗老师负责编写；第九章由唐林老师负责编写；最后由王浩负责统稿，代晓冬教授负责审稿。在附录中还附上了课题组成员对四川部分地区学习普通话的建议和意见的科研论文，供相关地区学员参考。

　　本书虽然面向的是四川方言区的普通话学习者，但是书中关于普通话的基础知识，同时适用于所有的普通话学习者，所以对全国其他方言区的普通话学习者来说，本书也是一部可以好好利用的学习工具，希望这部教材的出版，能为四川省乃至全国的推普事业尽一分力量！

教材编委会

2017 年 10 月

目　录

第一章　语言与方言 1

第二章　普通话语音常识 10

第三章　普通话声母 17

第四章　普通话的韵母 34

第五章　普通话声调 51

第六章　普通话的音变 68

第七章　普通话的语调 82

第八章　普通话的词汇和语法 87

　　第一节　四川方言词语和普通话词语对照 87

　　第二节　四川方言词类和普通话词类比较 104

　　第三节　四川方言和普通话在句法方面的主要差异 125

第九章　计算机辅助普通话水平测试 131

附录一：四川部分地区普通话学习策略 192

附录二：国家关于推广普通话的部分法律法规 225

参考文献 248

目　　录

第一章 语言与方言

一、中国语言的分布

（一）民族语言

我国幅员辽阔，民族众多，语言复杂。除汉族外，已确定民族成分的有 55 个少数民族，约占我国人口总数的 8%，分布在占全国总面积 50%～60%的土地上。根据民族语文工作者的调查研究，我国大多数少数民族使用自己的语言,但也有一些少数民族除了使用母语以外，还使用另外一种或几种语言。例如蒙古族主要使用蒙古语，但生活在云南的蒙古族人还使用卡卓语,生活在新疆的蒙古族人还使用图瓦语；景颇族主要使用景颇语，但部分景颇族还使用载瓦、浪速、波拉、勒期等语言；门巴族除了使用门巴语外，还使用仓洛语等。根据民族语言工作者的统计，我国 55 个少数民族，共使用 200 多种语言。

这些语言分别属于五个语系：汉藏语系、阿尔泰语系、南岛语系、南亚语系和印欧语系。汉藏语系又可分为汉语和藏缅、壮侗、苗瑶三个语族。藏缅语族包含 200 多个语种，其中又分为 10 个语支：喜马拉雅语支、那嘎—博多语支、库基—钦语支、藏语支、彝语支、羌语支、赖语支、克伦语支、缅语支、景颇语支。壮侗语族分为 4 个语支：壮傣语支、侗水语支、黎语支、仡央语支，包括 20 余个语种。苗瑶语也分为 3 个语支：苗语支、瑶语支和畲语支，包括约 10 个语种。

（二）汉语方言

我国不仅有种类繁多的少数民族语言，就使用人口最多的汉语而言，也分为八大方言区（也有七大方言区或十大方言区的说法），不同方言之间的口语发音差异巨大。八大方言分别为：北方方言（官话）、客家方言（客家话）、吴方言（吴语）、粤方言（粤语）、湘方言（湘语）、闽方言（闽语）、赣方言（赣语）、晋方言（晋语）。北方方言是以北京话为基础定义的北方部分语言的统称，它通行于：长江以北各省的汉族地区（除山西）；长江下游镇江（除丹阳、丹徒）、南京北部及皖南部分沿江地带；湖北省除东南角以外的全部地区；广西省北部和湖南省西北角地区；云南、四川、贵州三省少数民族区域以外的全部汉族地区。客家方言是汉族客家民系的母语，汉族客家民系包括粤东客家人、东江水源人、粤西－桂南涯人、四川客家人、香港客家人、台湾客家人等，分布区域非常广泛，遍及中国东南沿海、南部、西部等省份、香港新界北区、台湾等地。吴方言又称江浙话或江南话，是我国东南省份一些地方的方言，通行于今浙江、江苏南部、上海、安徽南部、江西东北部、福建浦城等地。粤方言又称粤语，俗称广东话，以珠江三角洲为分布中心，在广东、广西、海南、香港、澳门等地广泛使用。湘方言又称湖南话，是生活在湘江流域及其支系一带湖湘民系使用的主要语言。使用人口主要分布在湖南省的大部分地区，包括长沙、株洲、湘潭、岳阳、益阳、娄底、衡阳、邵阳、永州等地。闽方言又称闽语，是汉语八大方言中语言现象最复杂、内部分歧最大的一种方言。主要分布地为福建、台湾、海南、浙江南部、广东东南部和南部以及江西、广西、江苏的个别地区。赣方言，又名江西话，使用人口主要分布在江西赣江中下游、抚河流域及鄱阳湖流域及其周边、湘东和闽西北、皖西南、鄂东南和湘西南等地，另外在浙江、陕西还有少数赣语方言岛。晋方言是中国北方唯一一个非官话方言，主要使用地区有山西省、内蒙古自治区中西部、陕西省北部、河南省黄河以北大部、河北省西部，地跨175个市县。

（三）汉语普通话

鉴于我国语言种类的多样性与复杂性，为了便于人们之间的交流，推行统一的语言势在必行。因此，"普通话"一词应运而生，1906年，研究切音字的学者朱文熊在《江苏新字母》一书中把汉语分为"国文"（文言文）、"普通话"和"俗语"（方言），他不仅提出了"普通话"的名称，而且明确地给"普通话"下了定义："各省通行之话"，也就是后来的国语。1909年清政府将北京官话命名为国语，推行其为全国范围内通用的语言。民国时期多次为国语制定标准，确立了以北京语音为中心的地位，并在此后逐渐巩固下来。1949年中央政府确定现代标准汉语由国语改称普通话，1953年以北京市、河北省承德市滦平县为普通话标准音的主要采集地，制定标准后又于1955年向全国推广。普通话就是以北京语音为标准音，以北方话（官话）为基础方言，以典范的现代白话文著作为语法规范的现代汉民族共同语。

二、四川地区的民族语言

四川是一个多民族的省份，也是全国最大的彝族聚居区、第二大藏族聚居区和唯一的羌族聚居区。四川境内一共有 14 个世居少数民族，包括彝族、藏族、羌族、苗族、回族、蒙古族、土家族、傈僳族、满族、纳西族、布依族、白族、壮族、傣族。除了回族、满族、蒙古族，其他民族都使用本民族语言，这些民族语言主要分布在川西和川南地区。

川西高原位于青藏高原东南部，也是岷江、大渡河、雅砻江、金沙江、澜沧江、怒江六条由北向南的大河形成六江流域的一部分。这个区域以其独特的地理位置和地形地貌特征，在历史上形成了天然的民族活动地带。今四川甘孜藏族自治州、阿坝藏族羌族自治州、凉山彝族自治州就处于这个区域。此区地理位置偏僻，交通极为不便，历史上不同部族和民族长期接触交往，形成了众多的语言；另一方面，这里长期以来的封闭环境，使得众多古老的民族语言得以保存，使此地成为多种语言并存的一块宝地。据研究，这一地区存在着近 20 个族群和 20 个语种，这些语种长期交融：除了本地区使用的藏、彝、羌语和族际共同语——汉语以外，还零星分布着一些底层民族语言，当地居民称为"地脚话"。

四川境内少数民族语言主要是汉藏语系中藏缅语族的藏语支、羌语支、彝语支以及其他少数民族语言。其分布情况如下：

（1）藏语。四川藏语分属藏语康方言、安多方言两个方言区。甘孜藏族自治州大部分农区和木里藏族自治县属康方言区，其中德格县为藏语北路康方言的代表，巴塘县为藏语南路康方言的代表。甘孜藏族自治州的石渠、色达和阿坝藏族羌族自治州的阿坝、红原、若尔盖等县和松潘、壤塘县部分地区属安多方言区。安多方言的突出特点是没有能区别意义的声调。四川藏族人口中 95% 使用藏语，其中有 40% 左右的人兼通汉语。

（2）白马语。使用者分布在四川和甘肃接壤地带七千多平方公里的土地上，在平武县、九寨沟县以及甘肃陇南武都地区的 25 个乡使用，使用人口呈大杂居、小聚居分布状态。其中平武的白马乡和甘肃文县的铁楼乡是使用白马语人群最大的聚居区。居民多兼通汉语。白马语内部有一定的差异，但基本上彼此可以通话。

（3）羌语。分布在四川省阿坝藏族羌族自治州的茂县、汶川、理县、松潘、黑水，极少部分分布在绵阳市北川羌族自治县西北部和甘孜藏族自治州的丹巴县，使用总人口约 13 万。操这种语言的羌族居民自称"日麦""麦""尔咩""尔玛""玛"。羌族人口中 70% 使用羌语，其中 70% 兼通汉语。羌语分南北两大方言，北方羌语方言主要分布在茂县北部的赤不苏区、校场区，中部的沙坝区、黑虎乡、永和乡，黑水县的大部分地区，松潘县的镇江区、热务区，以及北川羌族自治县的部分地区，其余羌区均为南部羌语方言。北方羌语方言区靠近藏区，南部羌语方言区靠近汉区。南部羌语方言地区通用羌汉两种语言。现在，在北方羌语方言地区和偏僻山区，羌语还广泛使用，而生活在公路沿线的青少年中会讲羌语的越来越少。羌族没有本民族的文字，长期通用汉文。1990 年，四川省政府为羌语创制了拉丁字母形式的拼音文字。

（4）嘉绒语。部分藏族使用。分布在阿坝藏族羌族自治州的马尔康、金川、黑水、汶川、小金、壤塘、理县以及甘孜藏族自治州的丹巴、道孚、炉霍和雅安市宝兴县等地。使用总人数约 9.5 万人。居民呈聚居状态，多兼通汉语。嘉绒语分东部、北部和西北部 3 种方言，方言间彼此差别很大。嘉绒语保留了原始汉藏语的一些语音形式，例如复杂的复辅音和构词手段。

（5）普米语。普米族和部分藏族使用。分布在木里藏族自治县、盐源县，九龙县的部分藏族也使用普米语。使用总人口约 3.5 万人。普米语分南部和北部 2 种方言，方言之间差别较大。四川境内是普米语北部方言的集中分布地，居民兼通汉语。

（6）尔苏语。分布在大渡河下游雅安地区的石棉、汉源、凉山彝族自治州的甘洛、越西、冕宁、木里以及甘孜藏族自治州的九龙等县，有东部、西部和中部三大方言，方言间有较大的差别。约 2 万人使用。操东部方言的居民自称"尔苏"或"鲁苏"。操中部方言的居民自称"多续"。西部方言划分为呼尔土语（说这种语的人自称为"普""鲁日"或"普鲁日"）、里汝土语（操这种语言的人自称"里汝"）两个土语群。居民分布呈大杂居、小聚居状态。甘洛县的则拉乡和蓼平乡是尔苏语的主要集中地。居民兼通汉语。

（7）纳木依语。凉山彝族自治州的冕宁县、木里县、西昌市、盐源县的居民自称为"纳木依"，甘孜州九龙等县居民自称"纳木兹"。约有 5000 人使用。分为东部和西部两种方言。居民与普米族、汉族和彝族杂居分布。

（8）史兴语。又称"虚糜语"或"虚糜藏语"，分布在凉山彝族自治州的康定、九龙以及雅安市的石棉等县，基本上环贡嘎山主峰的东、南、西三面而居，约有 1.5 万人使用。分为东部和西部方言，方言间差别较大。人口呈杂居分布，集中在康定县沙德区。东部方言区居民自称"木勒"，兼通藏语康方言，受汉语影响较大；西部方言区居民自称"木雅"，语言受藏语影响较大，兼通汉语。

（9）贵琼语。又称"鱼通话"，分布在甘孜州康定县境内大渡河两岸台地以及泸定县、天全县西北，其分布范围和元以后明清以前鱼通土司的辖域大致重合。人口约7000人。呈大杂居、小聚居分布，康定县麦崩乡和前溪乡是贵琼语人口的主要聚居地。居民多兼通汉语。

（10）道孚语。部分藏族使用。分布在甘孜州的丹巴、道孚、炉霍、新龙等县和阿坝州的金川、马尔康、壤塘等县，和当地农牧区人口使用的两种藏语方言——康方言和安多方言通话有困难。语言内部为道孚、革什扎、观音桥三种方言。居民兼通汉语。

（11）扎巴语。部分藏族使用。主要分布在甘孜州道孚县、雅江县扎麦区，操这种语言的人自称"博子"，周围藏族居民称他们为"扎巴"，约有1.5万人。人口呈小聚居分布。居民兼通藏语康方言。各地扎巴语在语音上差别较大。

（12）却域语。分布在甘孜藏族自治州的新龙、雅江、理塘等县的六个乡，约1.5万人使用。人口呈散居状态。说这种话的居民多是讲却域语、康巴藏语和汉语的多语人。

（13）尔龚语。部分藏族使用。分布在甘孜藏族自治州的丹巴、道孚、炉霍、新龙等县部分地区以及阿坝藏族羌族自治州壤塘和金川县的观音桥一带。当地藏族居民自称"布"或"布巴"，藏语称之为"道坞格"，约有4万人，呈大杂居、小聚居状态。尔龚语分道孚、金川、丹巴和壤塘4个方言，方言间交际有困难。

（14）拉坞戎语。部分藏族使用。分布在阿坝藏族羌族自治州的金川、壤塘、马尔康等地。使用人口约1万人。

（15）彝语。旧称罗罗语。分为北部、东部、南部、东南部、西部、中部6种方言，方言下又分次方言、土语。土语间通话有困难。四川彝语主要为其北部方言。四川彝族以本民族语言为主要交际工具，现讲彝语的约有400万人。彝族人口中95%使用彝语，其中约60%的人兼通汉语。

（16）傈僳语。傈僳族使用。在四川境内的傈僳语使用人群零星分布在川西地区凉山州的德昌、会东和攀枝花的盐边等地。

（17）纳西语。纳西族使用。在四川境内主要分布在凉山州的木里、盐源，攀枝花的盐边等地，部分纳西人与彝族、藏族杂居。在甘孜州巴塘县的两个村寨也有零星分布。

四川境内原来还有藏缅语族中语支未定的白语和土家语。白语与汉语关系密切，四川绝大部分白族操本族语言，同时通用汉语；四川境内的土家语则随着土家族与汉族的杂居已逐渐消失。

除汉藏语系藏缅语族诸语支的这些语言外，四川境内还有不同民族使用的汉藏语系壮侗语族壮傣语支的壮语、布依语、傣语，苗瑶语族苗语支的苗语，但使用人口都不多。

随着对外交流的频繁，一些语言使用人口数量日益减少、年龄趋向高龄，双语人和多语人不断增多，通行区域和使用范围日趋缩小，部分语言已呈现濒危状态。同时，随着与其他民族交往的加深，语言间的相互影响也日渐深入。

三、四川境内汉语方言概况

四川境内汉语方言指通行于四川省境内的所有汉语方言，主要包括三个部分，一是官话方言，其主体是通常意义上狭义的四川方言，即通行于今四川省境内的汉语西南官话方言，它又称"四川话"或"四川官话"，本地区的客家人称它为"湖广话"或"四邻话"；四川境内的九寨沟则带有兰银官话和中原官话的特征。二是今四川省境内的客家方言。三是今四川省境内的湘方言。此外，四川境内还有一些带有其他底层方言的地点方言。

四川境内汉语方言格局以官话方言尤其是西南官话为主，同时存在一些非官话方言，这与四川地区的历史发展过程中若干次大的人口迁徙活动密切相关。

（一）四川境内的官话方言

四川境内的汉语方言，占主导地位的是官话方言，尤其是西南官话方言，分布在除九寨沟县的四川全境，包括民族杂居地区，使用人口超过一亿。其重要的特点是古入声归阳平，这是判断地方方言是否为西南官话的基本条件。此外还有保留古入声和入声读阴平、去声的地区，其阴平、阳平、上声、去声调值与西南官话的常见调值相近，也是西南官话。按黄雪贞《西南官话的分区（稿）》，四川境内官话主要属于西南官话的成渝片区，少数属灌赤片区，个别点属于贵昆片区和黔北片区；按入声的分类，则分为入声归阳、入声归阴、入声归去和入声独立 4 个片区。

西南官话方言通行于四川全省。重庆在 1997 年成为直辖市之前曾长期隶属四川，同时从方言分区来看，重庆话属于西南官话成渝片，因此，在讨论到西南官话的叙述部分有时也会涉及重庆话。

（二）四川境内的非官话方言

四川境内的非官话方言主要是客家方言和湘方言。

1. 四川境内的客家方言

四川客家人多源自闽、粤、赣，但以广东为主。因此四川客家方言有着较强的一致性，四川的客家话也通常被称为"土广东话"或"广东腔"。四川境内客家方言分布点众多，其分布的格局是"大分散、小聚中"。"大分散"是指广泛而分散地分布在全省众多的县市，"小聚中"是指在分布地以家族、村庄、区乡等为单位的集中分布。集中分布的四川客家方言呈方言岛形态。目前客家方言分布在全省 49 个区县，分川西、川东南、川西南和川北 4 个小片。

2. 四川境内的湘方言

四川境内的湘方言主要是明清两代尤其是清朝早期"湖广填四川"入川的湖南籍移民带来的。湘方言主要分布在四川盆地中部、东北部，散布在沱江、涪江、嘉陵江和长江沿岸的 40 余个区市县。旧时四川境内的湖南话名目繁多，有"老湖广""辰州腔""安化腔""永州腔""靖州腔""长沙话""麻阳话"等，其中的"老湖广"还有"宝老馆话""邵腔""苕腔""死湖广"多种名称。这些名称一般以原籍县名或府名为依据。入川的湖南话大致形成了三种类型：老派湘语、新派湘语和川派湘语。

3. 四川境内带有其他方言底层的地点方言

四川境内除占主体地位的西南官话方言和分布在各地的客家方言岛和湘方言岛以外，还有不少带有其他方言底层的地点方言，例如四川人所称的江西话、福建话、安徽话，它们多分布在四川中部一带。这些地方方言的形成，与今四川地区的历史和人口来源有直接关系。移民入川的潮流中，有大量来自于江西、福建、安徽等地的移民。傅崇矩在《成都通览》中统计当时的成都人，江西籍占15%，仅次于湖广籍，安徽籍占5%。有学者估计，清代入川的福建移民在30万左右。这些移民在四川多呈大分散、小聚中分布，其所携带来的原居地方言，在入川初期以方言岛的面貌存在。但是随着时间的推移，由于当地强势方言西南官话的影响，其来源地方言的特征已经不成系统，有的已经非常模糊，甚至只有一些零星的语料。例如，民国16年（1927）《简阳县志》共记载方言词语902条，其中福建话15条，如：祖父叫多多，祖母叫麻麻等；江西话20条，如：父叫爷（音牙）爷（读雅），凡同乡旧谊同辈皆曰老表等。崔荣昌在一系列论文中均提过西昌川兴乡的大渔村、小渔村的"安徽话"，仪陇县磨盘乡的"安话"，还有喜德、冕宁、广元、巴中、南部、西充等县市的一些土话也带有安徽话的色彩。

这些方言有着特殊的来源，其语音系统也有着一些独有特点。例如西昌大渔村的人这样说话："我们这里是大日（渔）村，对面是小日（渔）村。我的大儿子不在家，同痴（区）上的小吃（祁）下海打日（鱼）次（去）了。你们死（喜）欢祁（吃）日（鱼）吗？我们邛海边日（一）年四字（季）都有日（鱼）祁（吃）。"

这些地方方言的使用范围不大，使用人口也不多，有的甚至只在某些乡镇、某个村使用。其声韵调系统多数与西南官话保持着相当大的一致性，因此仍然把它们归属于西南官话。

第二章　普通话语音常识

一、语音的属性

语音是指由人的发音器官发出来的具有一定意义的声音。它具有三大属性：物理性、生理性、社会性。

（一）物理性

每一种声音都是一种物理现象，都可以从高低、强弱、长短及独具的音色四个方面加以分析，语音也不例外。

1. 音高

音高就是声音的高低。它决定于发音体在一定时间里颤动的次数，次数越多，声音越高，反之声音越低。语音的高低取决于声带的厚薄、长短、松紧。一般说来，女子和小孩的声带比较薄、比较短，故声音高；男子的声带比较厚、比较长，故声音低。同一个人的发音也有高有低，这是人们对声带松紧进行控制的结果。在普通话语音中，音高跟声调有密切关系，声音的高低构成了声调的差别，声调的不同造成了音节意义的不同，如"shí"（时）与"shǐ"（始）就是这样。

2. 音强

音强就是声音的强弱。它决定于发音体振动幅度的大小。发音体声带振幅大，声音就强；反之，声音就弱。音强与普通话轻重音格式有密切关系。音强的不同可以构成词语的轻重音，词语的轻重音格式不同可以有不同的意义，如"dìdào"（地道）和"dìdɑo"（地道）就不是同一个意思。

3．音长

音长就是声音的长短。这是由发音体振动时间的长短决定的。声带振动持续的时间长，声音就长；声带振动持续的时间短，声音就短。音长在普通话里没有明显的区别意义。

4．音色

音色就是声音的特色和个性。造成不同音色的原因主要是发音体不同、共鸣器形状不同以及发音方法不同。由于每个人的发音器官构造不可能完全一样，这就造成了不同的人有不同的音色。

（二）生理性

语音是由人的发音器官发出的，是发音器官协调运动的产物，因而语音具有生理性。

人的发音器官由三部分构成：呼吸器官（肺和气管）、振动器官（喉头和声带）、共鸣器官（口腔和鼻腔）。

1．呼吸器官

呼吸器官包括肺和气管。人在发音时，由肺呼出的气流，经过气管达到喉头，振动了声带、喉头等发音体，才发出了声音，可以说，气息是发音的动力，因此，肺和气管又可称为动力器官。

2．振动器官

喉头和声带是发音的振动器官。声带是两片富有弹性的薄膜，位于喉头中间，前端附着于甲状软骨上，后端连在两块杓状软骨下。后端可以分合，但前端不能。两片声带中间的缝隙叫声门，声门可以闭合或者张开。从肺部呼出的气流通过关闭着的声门时，就引起声带振动，发出声音。人们控制声带的松紧，可以产生高低不同的声音。

3．共鸣器官

口腔和鼻腔是人体发音的共鸣器官。人类能发出许多不同的声音，主要靠共鸣器官调节。鼻腔的形状固定不变，但它与口腔之间有一道上下升降的活动门——软腭和小舌。当软腭和小舌下垂，"门"打开时，可以发出各种类型的鼻音或鼻化音（气流从口腔、鼻腔同时呼出发的音就叫"鼻化音")。当软腭和小舌上升,"门"关上时,可以发出不含鼻音的口音(即气流完全从口腔呼出发的音)。口腔中的舌头和下腭通常称为积极的发音器官,因为它们的活动,人类的语音才变得千变万化、丰富多彩。

(三)社会性

语言是一种社会现象,具有社会性。作为语言三要素(语音、词汇、语法)之一的语音自然也具有社会性。社会性是语音的本质属性。一种事物的指称意义用什么声音表达,必须得到社会成员的共同确认,才会起到交际作用。例如四川人一般都明白"ngǒ"是指"wǒ"(我),非四川人就不一定明白。

二、语音的概念

(一)音节

音节是语音结构的基本单位,是从听觉上最容易察觉到的语音的自然单位。在汉语里,一般一个汉字就是一个音节,如"光明磊落"四个字就是四个音节。但是,儿化音节却是由两个汉字构成的,如"兔儿"(tùr)。

(二)音素

音素是语音的最小单位,它是从音色的角度划分出来的。汉语的音节是由音素构成的,汉语的一个音节可以由1~4个音素构成。例如,è(饿)、tā(他)、nèi(内)、xiǎng(想)分别是由一、二、三、四个音素构成的。普通话共有32个音素,其中,元音音素10个,辅音音素22个。

（三）元音

发音时，气流在口腔不受阻碍的音叫元音。普通话共有十个元音音素，分别是 a、o、e、i、u、ü、ê、-i[ɿ]、-i[ʅ]、er。元音是普通话韵母的主要成分。这十个元音可以单独成为韵母，也可以由两个或三个复合在一起成为韵母（-i[ɿ]、-i[ʅ]和 er 不能与其他元音组合成韵母，只能独立成为韵母），还可以由一个或两个元音加一个辅音 n 或 ng构成韵母。

（四）辅音

发音时，气流在口腔内受到阻碍的音叫辅音。普通话有 22 个辅音音素，它们是：b、p、m、f、d、t、n、l、g、k、h、j、q、x、z、c、s、zh、ch、sh、r、ng。除 ng外，其余21 个辅音构成普通话的声母，ng只能作普通话的韵尾。

三、汉语拼音方案

一、字母表

字母	Aa	Bb	Cc	Dd	Ee	Ff	Gg
名称	ㄚ	ㄅㄝ	ㄘㄝ	ㄉㄝ	ㄜ	ㄝㄈ	ㄍㄝ
	Hh	Ii	Jj	Kk	Ll	Mm	Nn
	ㄏㄚ	ㄧ	ㄐㄧㄝ	ㄎㄝ	ㄝㄌ	ㄝㄇ	ㄋㄝ
	Oo	Pp	Qq	Rr	Ss	Tt	
	ㄛ	ㄆㄝ	ㄑㄧㄡ	ㄚㄦ	ㄝㄙ	ㄊㄝ	
	Uu	Vv	Ww	Xx	Yy	Zz	
	ㄨ	ㄫㄝ	ㄨㄚ	ㄒㄧ	ㄧㄚ	ㄗㄝ	

二、声母表

b	p	m	f		d	t	n	l
ㄅ玻	ㄆ坡	ㄇ摸	ㄈ佛		ㄉ得	ㄊ特	ㄋ讷	ㄌ勒
g	k	h			j	q	x	
ㄍ哥	ㄎ科	ㄏ喝			ㄐ基	ㄑ欺	ㄒ希	
zh	ch	sh	r		z	c	s	
ㄓ知	ㄔ蚩	ㄕ诗	ㄖ日		ㄗ资	ㄘ雌	ㄙ思	

三、韵母表

		i		u		ü	
		丨	衣	ㄨ	乌	ㄩ	迂
a		ia		ua			
ㄚ	啊	丨ㄚ	呀	ㄨㄚ	蛙		
o				uo			
ㄛ	喔			ㄨㄛ	窝		
e		ie				üe	
ㄜ	鹅	丨ㄝ	耶			ㄩㄝ	约
ai				uai			
ㄞ	哀			ㄨㄞ	歪		
ei				uei			
ㄟ	欸			ㄨㄟ	威		
ao		iao					
ㄠ	熬	丨ㄠ	腰				
ou		iou					
ㄡ	欧	丨ㄡ	忧				
an		ian		uan		üan	
ㄢ	安	丨ㄢ	烟	ㄨㄢ	弯	ㄩㄢ	冤
en		in		uen		ün	
ㄣ	恩	丨ㄣ	因	ㄨㄣ	温	ㄩㄣ	晕

续表

ang 尢　　　　昂	iang Ⅰ尢　　　央	uang Ⅹ尢　　　汪	
eng ㄥ　　亨的韵母	ing Ⅰㄥ　　　英	ueng Ⅹㄥ　　　翁	
ong （Ⅹㄥ）轰的韵母	iong ㄩㄥ　　　雍		

（1）"知、蚩、诗、日、资、雌、思"等字的韵母用 i。

（2）韵母儿写成 er，用作韵尾的时候写成 r。

（3）韵母せ单用的时候写成ê。

（4）i 行的韵母，前面没有声母的时候，写成 yi（衣），ya（呀），ye（耶），yao（腰），you（忧），yan（烟），yin（因），yang（央），ying（英），yong（雍）。

u 行的韵母，前面没有声母的时候，写成 wu（乌），wa（蛙），wo（窝），wai（歪），wei（威），wan（弯），wen（温），wang（汪），weng（翁）。

ü行的韵母跟声母 j、q、x 拼的时候，写成 ju（居），qu（区），xu（虚），ü上两点也省略；但是跟声母 l、n 拼的时候，仍然写成 lü（吕），nü（女）。

（5）iou, uei, uen 前面加声母的时候，写成 iu、ui、un，例如 niu（牛）、gui（归）、lun（论）。

四、声调符号

阴平　　阳平　　上声　　去声
－　　　／　　　∨　　　＼

声调符号标在音节的主要母音上。轻声不标。例如：妈 mā（阴平），麻 má（阳平），马 mǎ（上声），骂 mà（去声），吗 ma（轻声）。

五、隔音符号

　　a，o，e 开头的音节连接在其他音节后面的时候，如果音节的界限发生混淆，用隔音符号(')隔开，例如 pi'ao（皮袄）。

第三章　普通话声母

一、普通话声母的基础知识

（一）声母的概念

声母是放在韵母前面的辅音，跟韵母一起构成一个完整的音节。

普通话里一共有 21 个辅音可做声母，具有辨义作用。

普通话里有的音节开头没有辅音声母，我们习惯上把它们叫作"零声母"，把这样的音节叫作"零声母音节"。

发音部位和发音方法不同构成的声母也不同。

（二）声母的分类

1. 按发音部位分类

发音部位是指发辅音时，气流受到阻碍的部位。

普通话里 21 个辅音声母，根据发音部位的不同分成七大类。如图 1 所示。

（1）双唇音：是指发音时，上唇和下唇闭合，形成阻碍，有 b、p、m 三个音。

（2）唇齿音：是指发音时，由上齿和下唇内缘轻轻接触形成阻碍，仅有 f 一个音。

（3）舌尖前音：是指发音时，由舌尖和上齿背接触或接近形成阻碍，有 z、c、s 三个音。

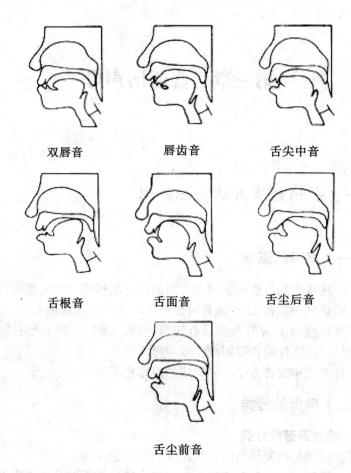

双唇音   唇齿音   舌尖中音

舌根音   舌面音   舌尖后音

舌尖前音

图 1 辅音声母分类

（4）舌尖中音：是指由舌尖和上齿龈接触形成阻碍，有 d、t、n、l 四个音。

（5）舌尖后音：是指由舌尖与硬腭前端接触或接近形成阻碍，通常又被称为翘舌音，有 zh、ch、sh、r 四个音。

（6）舌面音：是指舌尖下垂在下齿背后，由舌面和硬腭前部接触或接近形成阻碍，有 j、q、x 三个音。

（7）舌根音：由舌根（即舌面后部）与软腭接触或接近，形成阻碍，它们是g、k、h。

2. 按发音方法分类

发音方法就是指这个辅音是怎样发出来的，包括气流透出过程中构成阻碍和克服阻碍的方式、气流的强弱以及声带是否颤动等。普通话声母的发音方法可以从以下三个方面来分析：

（1）根据构成阻碍和克服阻碍的方式不同，普通话声母可以分为：塞音、擦音、塞擦音、边音和鼻音五类。

塞音：发音时，构成阻碍的两个部位完全闭塞，阻住气流，然后突然打开，让气流爆破成声。它们是b、p、d、t、g、k。

擦音：发音时，构成阻碍的两个部位接近后形成窄缝，气流从窄缝中间摩擦出来成声，它们是f、h、x、sh、s、r。

塞擦音：发音时，构成阻碍的两个部位完全闭塞，阻住气流，然后略微打开，形成一条窄缝，气流从窄缝中摩擦出来成声，它们是z、c、zh、ch、j、q。

鼻音：发音时，构成阻碍的两个部位完全闭塞，软腭下垂，关闭口腔通路，打开鼻腔通路，声带颤动，气流从鼻腔中出来成声，它们是m、n。

边音：发音时，舌尖和上齿龈稍后的部位接触构成阻碍，阻住气流，软腭上升，关闭鼻腔通路，打开口腔通路，使气流沿舌的两边上从口腔中出来成声，只有一个边音l。

（2）根据发音时，声带是否颤动，普通话声母可分为清音和浊音两大类。

清音：是指发音时，声带不颤动的辅音。它们是b、p、f、z、c、s、d、t、zh、ch、s、h、j、q、x、g、k、h。

浊音：是指发音时，声带颤动的辅音。它们是m、n、l、r。

（3）根据发音时，透出气流的强弱，普通话辅音声母可分为送气音和不送气音两类。

送气音：是指发音时，从口腔中透出较强气流的辅音，它们是p、t、k、q、ch、c。

不送气音：是指发音时，从口腔中透出较弱气流的辅音，它们是 b、d、g、j、zh、z。

普通话只有塞音和塞擦音能够区分送气与不送气音。

表1　普通话声母表

			双唇音	唇齿音	舌尖前音	舌尖中音	舌尖后音	舌面音	舌根音
			上唇	上齿	上齿背	上齿龈	硬腭前	硬腭前	软腭
			下唇	下唇	舌尖	舌尖	舌尖	舌面前	舌面后部
塞音	清	不送气	b[p]			d[t]			g[k]
	清	送气	p[pʰ]			t[tʰ]			k[kʰ]
擦音	清	清		f[f]	s[s]		sh[ʂ]	x[ɕ]	h[x]
	浊	浊					r[ʐ]		
塞擦音	清	不送气			z[ts]		zh[tʂ]	j[tɕ]	
	清	送气			c[tsʰ]		ch[tʂʰ]	q[tɕʰ]	
鼻音	浊		m[m]			n[n]			
边音	浊					l[l]			

（三）声母的发音

1. 双唇音的发音要领

b[p]：双唇不送气清塞音。

发音时，双唇完全闭塞，双唇中间用力，然后突然打开，冲出较弱气流，爆破成声。

发音例字：冰 bīng　薄 báo　裱 biǎo　伴 bàn

p[pʰ]：双唇送气清塞音。

发音时，双唇完全闭塞，双唇中部用力，然后突然打开，冲出较强气流，然后爆破成声。

发音例字：泼 pō　葡 pú　脾 pí　帕 pà

m[m]：双唇浊鼻音。

发音时，双唇完全闭塞，软腭下垂，打开鼻腔通路，关闭口腔通路，气流从鼻腔透出成声，声带颤动。

发音例字：吗 mā　闵 mǐn　每 měi　漫 màn

易出现的问题及纠正的方法：

（1）发双唇音时裹唇。纠正方法：发音时双唇内缘接触，人中下方双唇用力发音。

（2）发 m 音时，或口腔没有完全闭合，部分气流从口腔出来，鼻音色彩不浓；或声带颤动较弱，听感上声音比较偏后、偏高，浊音色彩不够。纠正方法：发 m 音时，一定要双唇紧闭，关闭口腔通路，软腭下垂，声带要颤动，让气流完全从鼻腔里出来。

2. 唇齿音的发音要领

f[f]：唇齿清擦音。

发音时，上齿与下唇内缘接触，气流从唇齿缝之间摩擦出来成声。

发音例字：非 fēi　幅 fú　芬 fēn　费 fèi

易出现的问题及纠正方法：

（1）上齿咬住下唇发音。纠正方法：发 f 音时上门齿和下唇内缘轻轻接触发音。

（2）把 f 发成 h。纠正方法：就发音特点而言，普通话声母 h 与 f 的发音方法相同，都是擦音，只是发音部位不同。f 是唇齿音，发音时是由上齿和下唇内缘接触，注意舌面后部不要抬高，同时唇形拢圆；h 是舌根音，发音时是舌根与软腭接近，要避免下唇和上齿接触。所以要发准 f 音，必须使用上门齿和下唇内缘，不要让舌面后部（舌根）参与发音。

3. 舌尖前音的发音要领

z[ts]：舌尖前不送气清塞擦音。

发音时，舌尖平伸，抵住上齿背，较弱气流冲开一条窄缝摩擦出来成声，声带不颤动。

发音例字：曾 zēng　砸 zá　枣 zǎo　棕 zōng

c[tsʰ]：舌尖前送气清塞擦音。

发音时，舌尖平伸，抵住上齿背，较强气流冲开一条窄缝摩擦出来成声，声带不颤动。

发音例字：彩 cǎi　残 cán　曹 cáo　刺 cì

s[s]：舌尖前清擦音。

发音时，舌尖平伸，接近上齿背，形成间隙，气流从中摩擦出来成声，声带不颤动。

发音例字：斯 sī　随 suí　扫 sǎo　瑟 sè

易出现的问题及纠正方法：

（1）有人发这组音时发音部位靠后，带上了翘舌音的色彩。纠正方法：要找准部位，舌尖平放于上齿背发音、控制舌尖不要抬起，不用舌尖两边发音且舌两边不要往上翻卷。

（2）极个别人把平舌音发成齿间音，让人觉得发音者舌头有毛病，若不是生理原因，可用如下方法纠正：舌体略后缩，舌尖两边不能翻卷，平放于上齿龈处发音，照镜子时发音人不能见到舌尖置于上下门齿之间才对。

4. 舌尖中音的发音要领

d[t]：舌尖中不送气清塞音。

发音时，舌尖抵住上齿龈，阻住气流，软腭上升。关闭鼻腔通路，气流到达口腔后蓄气，然后突然解除阻塞透出较弱气流成声。

发音例字：朵 duǒ　定 dìng　碟 dié　打 dǎ

t[tʰ]：舌尖中送气清塞音。

发音时，舌尖抵住上齿龈，阻住气流，软腭上升，关闭鼻腔通路，气流到达口腔后蓄气，然后突然解除阻塞，透出较强气流成声。

发音例字：痛 tòng　囤 tún　题 tí　泰 tài

n[n]：舌尖中浊鼻音。

发音时，舌尖抵住上齿龈，软腭下垂，关闭口腔通路，打开鼻腔通路，气流从鼻腔透出成声，声带颤动。

发音例字：挠 náo　弄 nòng　尼 ní　怒 nù

l[l]：舌尖中浊边音。

发音时，舌尖抵住上齿龈，软腭上升，打开口腔通路，关闭鼻腔通路，气流从舌前部两边出来成声，声带颤动。

发音例字：啦 lā　懒 lǎn　劳 láo　里 lǐ

易出现的问题及纠正方法：

（1）多数人能念准 d、t 的本音，但 d、t 的呼读音很难发准，主要是 e 的发音靠前。纠正方法：请参见韵母 e 的发音要领，练习 de、te。

（2）发不出 n，把 n 念成 l；少数地区没有 n 声母，普遍把 n 念成零声母，"牛（niú）"读成"yóu"，"娘（niáng）"读成"yáng"，"女（nǔ）"读成"yǔ"等。有些则是 n 和 l 的混淆，故发 n 音很困难，但是只要掌握了 n 音的发音要领，发准这个声母也不难。发 n 时，舌尖抵住上齿龈，闭口，先从鼻腔里哼出一个"嗯"音，然后打开口腔发 nē，学会发鼻间 n 音以后再减少"嗯"音。也可采用捏鼻体验法，即用手捏住鼻子发 n 音，若发出的 n 音正确，则能感觉到鼻腔内较强的共鸣并伴有耳鸣。还可采用前鼻音韵属引导发音训练，如：安娜 ānnà，看哪 kànna。

（3）鼻音过重，在带声母 n 的音节中，有人为突出 n 音而把韵母中的元音也给鼻化了。纠正方法：意识上必须明确 n 声母的本音虽是鼻音，但它后面的元音不能鼻化，并且带 n 声母的音节只有开头发音的瞬间带鼻音。可采取适当延长 n 音与韵母的发音时长的办法，做音节的慢速发音练习，发到元音（尤其是主要元音）时，捏住鼻子不让声音透进鼻腔。做这种训练时最好选非鼻音尾韵音节，如：拏 ná、奈 nài、氖 nèi，脑 nǎo 等。

（4）l 音鼻化。有的人在发 l 音时，软腭上提不够，没有将鼻腔通道完全关闭，有气流从鼻腔出来，使 l 音带有鼻音色彩；还有如雅安的天全、宝兴、芦山等地的人，将声母 l 与 i、ü 或 i、ü 领头的韵母构成的字音念成了舌面鼻音作声母。纠正方法：要发准 l，最好先学会弹动舌尖。发 l 时舌尖微卷，舌尖不抵满硬腭前部（比发 n 音时靠后），然后咧开嘴，舌尖从上往下弹动发音，可连续发"拉……"或"来……""乐……"等练习。也可捏住鼻翼咧开嘴弹动舌尖发 l，意念上声音从下门齿出来。要注意，若 l 音鼻化后，可见到发音者鼻子微微张开的动作，发音者也能感到鼻孔里有气息送出。

5．舌尖后音的发音要领

zh[tʂ]：舌尖后不送气清塞擦音。

发音时，舌尖翘起，抵住硬腭前部，让较弱气流冲开一条窄缝摩擦出来成声，声带不颤动。

发音例字：只 zhī　哲 zhé　斩 zhǎn　志 zhì

ch[tʂʰ]：舌尖后送气清塞擦音。

发音时，舌尖翘起，抵住硬腭前部，让较强气流冲开一条窄缝摩擦出来成声，声带不颤动。

发音例字：超 chāo　晨 chén　产 chǎn　赤 chì

sh[ʂ]：舌尖后清擦音。

发音时，舌尖翘起，靠近硬腭前部，中间留有一条窄缝，让气流摩擦出来成声，声带不颤动。

发音例字：删 shān　沈 shěn　烧 shāo　事 shì

r[ʐ]：舌尖后浊擦音。

发音时，舌尖翘起，靠近硬腭前部，形成一条窄缝，气流从中摩擦出来成声，声带颤动。

发音例字：仍 réng　任 rèn　软 ruǎn　如 rú

易出现的问题及纠正方法：

（1）发音部位靠前，听起来有点像平舌音。纠正方法：发音时，注意舌尖不要对着上齿龈发音，舌尖稍稍后缩，舌尖前部上举，舌尖接触（zh、ch）或接近（sh）硬腭的最前端即可。

（2）发音部位靠后，听起来有点像卷舌音。纠正方法：发音时，舌尖不要过于后卷，牙齿接触硬腭的面积不应过大，而应舌头前部上举、舌尖接触硬腭最前端发音。

（3）发音时，舌头肌肉较紧，常伴有拢唇的动作。纠正方法：发音时，要使舌尖轻巧的接触或接近硬腭最前端，舌肌放松，不紧张。

（4）发音时，口腔未打开，声音包在口腔里或鼻化。纠正方法：口腔自然张开，舌头前部上举，舌尖抵住硬腭最前端，同时软腭上升，关闭鼻腔通路发音即可。

（5）有的人发 ch、sh 音时有较强的"师师"声，听起来像哨音，纠正方法：在解除阻碍、气流从窄缝中透出时，摩擦用力不能太强，要轻松自然。

6. 舌面音的发音要领

j[tɕ]：舌面不送气清塞擦音。

发音时，舌面前部抬起来接触硬腭前端，舌尖抵住下齿背，让较弱气流冲开一条窄缝摩擦出来成声，声带不颤动。

发音例字：鸡 jī　姐 jiě　奖 jiǎng　建 jiàn

q[tɕʰ]：舌面送气清塞擦音。

发音时，舌面前部抬起接触硬腭前端，舌尖抵住下齿背，让较强气流冲开一条窄缝摩擦出来成声，声带不颤动。

发音例字：七 qī　情 qíng　桥 qiáo　前 qián

x[ɕ]：舌面清擦音。

发音时，舌面前部抬起接近硬腭前端，形成一条窄缝，让气流摩擦出来成声，声带不颤动。

发音例字：喜 xǐ　瑕 xiá　穴 xué　旭 xù

易出现的问题及纠正方法：

发音部位偏前，接近舌尖前音 z、c、s 或发音部位偏后，听起来接近 g、k、h。纠正方法：发音时，舌面前部隆起，抵住硬腭最前端（发 j、q 或发 x 时）构成阻碍让舌尖深垂到下门齿背后，一定不要使舌尖或舌叶在发音中起作用，从而避免发音部位偏前或偏后。

7. 舌根音的发音要领

g[k]：舌根不送气清塞音。

发音时，舌根抬高，抵住软腭，阻住气流，然后突然打开，让较弱气流冲出成声，声带不颤动。

发音例字：稿 gǎo　哥 gē　盖 gài　购 gòu

k[kʰ]：舌根送气清塞音。

发音时，舌根抬高，抵住软腭，阻住气流然后突然打开，让较强气流冲出成声，声带不颤动。

发音例字：凯 kǎi　框 kuàng　科 kē　昆 kūn

h[x]：舌根清擦音。

发音时，舌根抬高，靠近软腭，中间形成窄缝，气流从中摩擦出来成声，声带不颤动。

发音例字：嘿 hēi　号 hào　活 huó　狠 hěn

易出现的问题及纠正方法：

少数人受方言影响发音部位偏后，或舌面后部隆起太高，嘴角向两边咧，双唇向前要圆。纠正方法：发音时，舌面后部（舌根）隆起，要防止舌头后缩使舌根隆得太高，双唇自然展开，让气流从舌根隆起后与软腭形成的缝隙中摩擦通过成声。

8. 零声母的发音要领

普通话每个音节都可以分析成声母和韵母两个部分，每个汉字字音结构也都由声母、韵母、声调三个部分构成。没有辅音声母的音节称为零声母音节。如：ān（安），ǎo（袄）等，零声母也是一种声母。零声母的"零"不等于"没有"，它占有一个位置，只不过这个位置是个"虚位"。

汉语拼音方案的声母表里没有设计出字母来表示零声母，但韵母表中规定了隔音字母 y、w 的用法（y、w 与纯粹起隔音作用的隔音符号有区别，它不仅起分隔音节的作用，也表示一定的实际读音）。目前，小学拼音教学把它们当声母教，其实就是在 21 个辅音声母之外加上了零声母。

普通话零声母可以分为两类，一类是开口呼零声母，一类是非开口呼零声母，即除开口呼之外的齐齿呼、合口呼、撮口呼三种零声母。

开口呼零声母没有拼音字母表示。齐齿呼和撮口呼零声母音节用汉语拼音表示，是以隔音字母 y 开头，实际发音都带有轻微摩擦，是分别属辅音类的半元音[j]和[ɥ]，合口呼零声母音节用汉语拼音表示，是以隔音字母 w 开头，实际发音也带有轻微摩擦，是半元音[w]。

二、四川方言区普通话声母学习要点

（一）四川各方言区普通话声母学习的共性问题

1. 有声母 ni[ȵ]

发 ni[ȵ]时，气体从舌颚间发出，舌头是扁平的；其次发音位置比普通话拼音字母的"n"更靠后；并且在发音时，摩擦通道较长，摩擦力较大。如蚁、艺（含仪、议等义字旁组合字）、你、泥、拟、凝等。四川方言区只有少数地区与普通话一样，没有这个声母，而分别成为零声母或"1"。

2. 有声母 ng[ŋ]

发 ng[ŋ]时，气从舌、颚最后部（近喉部）发出，摩擦力也较大，类似"g"的软浊音。大部分四川方言语音中的"我"（哦、俄、饿、鹅、娥等）、恶（垩）、额、厄、鄂（颚、萼、鳄、腭等）、讹、遏……，均有这个声母；而在重庆口音中，"我、恶、厄"等 ng[ŋ]声母已经退化，发音几乎与普通话相同，只不过音节中口形变化的过程没有普通话清楚。

3. n—l 相混

四川方言区中，无论在哪里，n—l 都不区别音位，因此边音和鼻音都是混用的。在说普通话时，往往会出现边鼻音不分的情况。例如："请你把东西拿（na）过来"中的"拿（na）"，容易说成"拿（la）"过来。

（二）四川各方言区普通话声母学习的差别

1. 四川方言区大部分没有 zh、ch、sh

普通话比四川大多数地区的方言中多出的声母就是人们熟知的翘舌音：zh、ch、sh。因此，四川方言中大多数地区的人学习普通话时，需要特别注意，才能从 z、c、s 中准确剥离出 zh、ch、sh 来。

　　"大多数"以外的少数地区，即由自贡市市区及富顺县，内江的隆昌县及宜宾县北部（靠近自贡市区部分）、泸县靠近富顺县的边界地区组成的连片翘舌音地区；宜宾市筠连县大部、成都市原温江地区个别县的部分地区等较为"孤立"的翘舌音"飞地"。

2. 四川方言区部分地区 f—h 相混

　　四川某些地区（例如并不连成片的川中和川北的一些地方）的方言中，"f"和"h"的念法都与普通话正好相反。例如："菜籽花花蜚黄"。四川大多数地区，有自己统一的"f"和"h"的划分标准。而且，几乎所有声母为"h"的字（如火、和、或、何、河、海、活、黑、货、贺、合、含、会、回、灰、很、恨、狠、横、衡、亨、行等）都与普通话一致（当然，韵母就不一定一致了）。问题和难点在于四川方言语音中声母为"f"的字，普通话却要分成"f"和"h"（后者如户、沪、护、乎、呼、胡、湖、糊、互、壶、虎、狐、浒、扈、祜、打麻将的"和"、水果的"核"等）两种声母。该片区的人学习普通话就需要特别注意做好"h"和"f"的区分。

三、声母词汇的练习

（一）词汇训练

1. 单音节字词练习

b　报　扁　褓　吧　拜　倍　伴
p　帕　坡　湃　赔　泡　盼　朋
m　马　魔　卖　没　茂　闷　盲
f　法　幅　飞　缶　饭　芬　芳
d　答　底　代　道　逗　蛋　档
t　它　忐　泰　涛　投　谭　趟
n　您　男　暖　南　牛　农　宁
l　来　啦　里　老　连　李　路

g	给	跟	过	刚	高	哥	该
k	看	开	可	卡	快	靠	块	后
h	和	好	还	会	很	号	后
j	就	将	家	叫	及	加	级	其
q	去	亲	请	钱	卡	前	其
x	下	想	先	小	行	写	新
zh	这	中	找	真	着	张	只
ch	吃	出	成	车	长	差	穿
sh	说	上	是	时	谁	啥	事
r	人	日	让	如	热	肉	若
z	在	怎	做	总	再	造	自
c	才	擦	刺	凑	测	错	醋
s	斯	撒	色	送	苏	洒	怂

2. 鼻边音词语练习

农林	年轮	耐劳	哪里	脑力	奴隶
努力	纳凉	鸟类	奶酪	内涝	暖流
能力	能量	凝练	逆流	年龄	女郎
岭南	辽宁	冷暖	留念	烂泥

3. 翘舌音词语练习

zh：

这种	真正	政治	找找	战争
这周	之中	纸质	指着	智障
遮住	珍珠	仗着	长者	终止
种植	站正	郑重	招致	着装

ch：

出差	驰骋	常常	长城	出场	长春
拆除	传承	传出	出厂	超出	抽查
查出	车床	超产	查抄	插翅	愁肠

sh：

| 手势 | 硕士 | 试试 | 身上 | 说说 | 时尚 |

实施　上述　事实　上市　闪烁　设施
手术　说是　受伤　双手　叔叔　少数
r:
让人　仍然　然后　荣耀　荣辱　仁人
融入　人人　褥热　如若　如日　惹人
荏苒　荣任　柔润　忍让　柔弱　柔软

4. f 和 h 的对比练习

公费——工会　　船夫——传呼
俯视——虎视　　放荡——晃荡
反冲——缓冲　　翻阅——欢悦
风干——烘干　　发誓——花市
发凡——花环　　富丽——互利
废置——绘制　　西服——西湖
附注——互助　　犯病——患病

（二）综合练习

1. 诗歌

春晓
作者：孟浩然

春眠不觉晓，处处闻啼鸟。
夜来风雨声，花落知多少。

鹿柴
作者：王维

空山不见人，但闻人语响。
返影入深林，复照青苔上。

相思
作者：王维

红豆生南国，春来发几枝。
愿君多采撷，此物最相思。

静夜思

作者：李白

床前明月光，疑是地上霜。

举头望明月，低头思故乡。

2. 文章

第一场雪

这是入冬以来，胶东半岛上第一场雪。雪纷纷扬扬，下得很大。开始还伴着一阵儿小雨，不久就只见大片大片的雪花，从彤云密布的天空中飘落下来。地面上一会儿就白了。冬天的山村，到了夜里就万籁俱寂，只听得雪花簌簌地不断往下落，树木的枯枝被雪压断了，偶尔咯吱一声响。大雪整整下了一夜。今天早晨，天放晴了，太阳出来了。推开门一看，嗬！好大的雪啊！山川、河流、树木、房屋，全都罩上了一层厚厚的雪，万里江山，变成了粉妆玉砌的世界。落光了叶子的柳树上挂满了毛茸茸亮晶晶的银条儿；而那些冬夏常青的松树和柏树上，则挂满了蓬松松沉甸甸的雪球儿。一阵风吹来，树枝轻轻地摇晃，美丽的银条儿和雪球儿簌簌地落下来，玉屑似的雪末儿随风飘扬，映着清晨的阳光，显出一道道五光十色的彩虹。大街上的积雪足有一尺多深，人踩上去，脚底下发出咯吱咯吱的响声。一群群孩子在雪地里堆雪人，掷雪球，那欢乐的叫喊声，把树枝上的雪都震落下来了。俗话说，"瑞雪兆丰年"这个话有充分的科学根据，并不是一句迷信的成语。寒冬大雪，可以冻死一部分越冬的害虫；融化了的水渗进土层深处，又能供应庄稼生长的需要。我相信这一场十分及时的大雪，一定会促进明年春季作物，尤其是小麦的丰收。有经验的老农把雪比作是"麦子的棉被"。冬天"棉被"盖得越厚，明春麦子就长得越好，所以又有这样一句谚语："冬天麦盖三层被，来年枕着馒头睡。"我想，这就是人们为什么把及时的大雪称为"瑞雪"的道理吧。

——节选自峻青《第一场雪》

差别

两个同龄的年轻人同时受雇于一家店铺，并且拿同样的薪水。可是一段时间后，叫阿诺德的那个小伙子青云直上，而那个叫布鲁诺的小伙子却仍在原地踏步。布鲁诺很不满意老板的不公正待遇。终于有一天他到老板那儿发牢骚了。老板一边耐心地听着他的抱怨，一边在心里盘算着怎样向他解释清楚他和阿诺德之间的差别。

"布鲁诺先生，"老板开口说话了，"您现在到集市上去一下，看看今天早上有什么卖的。"布鲁诺从集市上回来向老板汇报说，"今早集市上只有一个农民拉了一车土豆在卖。""有多少？"老板问。

布鲁诺赶快戴上帽子又跑到集上，然后回来告诉老板一共四十袋土豆。

"价格是多少？"

布鲁诺又第三次跑到集上问来了价格。

"好吧。"老板对他说，"现在请您坐到这把椅子上一句话也不要说，看看阿诺德怎么说。"

阿诺德很快就从集市上回来了。向老板汇报说到现在为止只有一个农民在卖土豆，一共四十口袋，价格是多少多少；土豆质量很不错，他带回来一个让老板看看。这个农民一个钟头以后还会弄来几箱西红柿，据他看价格非常公道。昨天他们铺子的西红柿卖得很快，库存已经不多了。他想这么便宜的西红柿，老板肯定会要进一些的，所以他不仅带回了一个西红柿做样品，而且把那个农民也带来了，他现在正在外面等回话呢。

此时老板转向了布鲁诺，说："现在您肯定知道为什么阿诺德的薪水比您高了吧！"

——节选自张健鹏、胡足青主编《故事时代》中《差别》

3．绕口令练习

（1）八百标兵奔北坡，炮兵并排北边跑。炮兵怕把标兵碰，标兵怕碰炮兵炮。

（2）白伯伯，彭伯伯，饽饽铺里买饽饽。白伯伯买的饽饽大，彭伯伯买的大饽饽。拿到家里喂婆婆，婆婆又去比饽饽。不知白伯伯买的饽饽大，还是彭伯伯买的饽饽大？

（3）蓝教练，女教练，吕教练，男教练。蓝教练不是男教练，吕教练不是女教练。兰南是男篮主力，吕楠是女篮主力，蓝教练在男篮训练兰南，吕教练在女篮训练吕楠。

（4）白庙外蹲着一只白猫，白庙里有一项白帽。白庙外的白猫看见了白帽，叼着白庙里的白帽跑出了白庙。

（5）牛郎恋刘娘，刘娘念牛郎。牛郎年年恋刘娘。刘娘年年念牛郎。郎恋娘来娘念郎。念娘恋娘，念郎恋郎，念恋娘郎。

第四章　普通话的韵母

一、普通话韵母的基础知识

（一）什么是韵母

韵母是汉字音节当中，声母后面的部分，如"大（dà）、家（jiā）"里的"a、ia"分别是这两个音节的韵母。汉语有 39 个韵母。

表 1　普通话韵母总表

开口呼	齐口呼	合口呼	撮口呼
i[ɿ]	i[i]	u[u]	ü[y]
i[ʅ]			
a[A]	ia[ia]	ua[ua]	
o[o]		uo[uo]	
e[ɤ]			
ê[e]	ie[iɛ]		üe[yɛ]
er[ɚ]			
ai[ai]		uai[uai]	
ei[ei]		uei[uei]	
ao[au]	iao[iau]		
ou[əu]	iou[iou]		
an[an]	ian[ian]	uan[uan]	üan[yan]

开口呼	齐口呼	合口呼	撮口呼
en[ən]	in[in]	uen[uən]	ün[yn]
ang[aŋ]	iang[iaŋ]	uang[uaŋ]	
eng[əŋ]	ing[iŋ]	ueng[uəŋ]	
		ong[uŋ]	iong[yŋ]

  普通话的韵母可以由单一的元音构成，如"大（dɑ）"的韵母"ɑ"，也可以由元音加元音构成，如代（dài）、怪（guài）中的韵母ɑi、uɑi就是由两个或三个元音构成的；或由元音加鼻辅音构成，如"京"（jīng）中的"ing"，韵母就是由一个元音和一个辅音构成的。韵母的构成情况要比声母复杂得多。了解韵母的结构特点，便于掌握韵母的分类和发音。

  韵母的构成成分，最多可有三个音素。根据三个音素在音节中的位置和特点，可把它们分别划为"韵腹""韵头"和"韵尾"。韵腹是指音节中发音时声音响亮、开口度大的主要元音。韵腹是韵母不可缺少的成分。韵腹前面的元音是韵头，也称介音。充当韵头的只有i、u、ü三个元音。韵腹后面的音素是韵尾。韵尾可以由元音或辅音充当。充当韵尾的元音只有i、u(o)，韵母ɑo、iɑo中的o实际上是u，拼音方案写成o是为了字形清晰。充当韵尾的辅音只有n和ng。

（二）韵母的分类

1. 传统的分类

  按韵母开头元音发音的口形分为：开口呼、齐齿呼、合口呼、撮口呼四类，简称"四呼"。

  开口呼：不是i、u、ü开头或韵腹不是i、u、ü的韵母。

  齐齿呼：韵腹是i或以i为韵头的韵母。

  合口呼：韵腹是u或以u为韵头的韵母。

  撮口呼：韵腹是ü或以ü为韵头的韵母。

例如：欢（huan）（合）　迎（ying）（齐）　学（xue）（撮）　好（hao）（开）

2. 按韵母的内部结构分类

（1）单元音韵母，也叫单韵母。韵母是由一个元音构成的。普通话有 10 个单元音韵母，分别是：

舌面元音：a　o　e　i　u　ü　ê

舌尖元音：-i（前）、-i（后）

卷舌元音：er

（2）复元音韵母，也叫复韵母。指的是由两个或三个元音复合构成的韵母。普通话有 13 个复元音韵母，分别是：ai、ei、ao、ou、ia、ie、iao、iou、ua、uo、uai、uei、üe。

（3）带鼻音韵母，也叫鼻韵母。韵母是由元音和鼻辅音构成的。普通话有 16 个鼻韵母，鼻韵母分前鼻音韵母和后鼻音韵母，分别是：

前鼻音韵母：an　ian　uan　üan　en　in　uen　ün

后鼻音韵母：ang　iang　uang　ong　eng　ing　ueng　iong

（三）韵母的发音

1. 单韵母：一个元音构成的韵母

普通话的 10 个单韵母，分别由 10 个单元音构成。从发音角度说可分为两类：

（1）舌面单元音韵母有 7 个，就是 a、o、e、i、u、ü、ê。发音时主要由舌面起作用，气流颤动声带，然后由口腔呼出。元音音色的不同主要是由发音时口腔形状的不同造成的，口腔形状的不同又是由下面三个条件造成的：

①舌位的前后。舌位指发音时舌面隆起部分的所在位置。发元音时舌头前伸，舌位在前，这时发出的元音叫前元音。普通话里有两个前元音，就是 i、ü；舌头后缩，舌位在后，这时发出的元音叫后元音。普通话里有 3 个后元音，就是 o、e、u；舌头不前不后，舌位居中，这时发出的元音叫央元音。普通话里有 1 个央元音，就是 a。

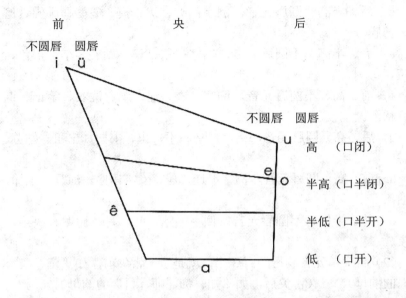

图 1 元音舌位图

②舌位的高低。舌面抬高，和硬腭的距离达到最小时发出的元音叫高元音。舌面降低，和硬腭的距离达到最大时发出的元音叫低元音。由高元音到低元音的这段距离可以分为相等的四份，中间有三个点。舌位处在这三个点上时，发出的元音由上而下分别叫作半高元音、中元音和半低元音。普通话里有 3 个高元音，就是 i、u、ü，有两个半高元音，就是 o、e，有 1 个半低元音，就是 ê，有 1 个低元音，就是 a。

③圆唇和不圆唇。嘴唇收圆，发出的元音叫圆唇元音；嘴唇展开，发出的元音叫不圆唇元音。普通话里有 3 个圆唇元音，就是 o、u、ü，有 3 不圆唇元音，就是 a、e、i。

根据以上三个条件，我们就可以说明 7 个舌面单元音韵母的发音原理。

a 央、低、不圆唇元音，例字：啊、八、插、大妈、哈达、发达、拉杂。

o　后、半高、圆唇元音，例字：喔、拨、摸、婆婆、卧佛、磨破、薄膜。

e　后、半高、不圆唇元音，例字：鹅、德、勒、客车、褐色、可贺、苛刻。

i　前、高、不圆唇元音，例字：衣、逼、鸡、洗衣、笔记、谜底、稀泥。

u　后、高、圆唇元音，例字：乌、不、出、书橱、出租、姑苏、布谷。

ü　前、高、圆唇元音，例字：迁、居、女、语序、渔具、玉律、序曲。

ê　前、半低、不圆唇元音。例字：欸、叶、月、谢谢、决绝、月夜。

（2）舌尖单元音韵母。有 3 个，就是-i（舌尖前，如"资、雌、思"的韵母）、-i（舌尖后，如"知、痴、师、日"的韵母）、er。

舌尖单元音韵母的发音也就是舌尖单元音的发音，发音时主要是舌尖起作用。舌尖单元音的不同发音，是由舌尖的前后、舌位的高低和嘴唇的圆展这三个条件决定的。

-i [ʅ]：舌尖后元音。舌尖、后、高、不圆唇元音，例字：知、吃、诗、知识、支持。发音时舌尖翘起，靠近硬腭，形成一条窄缝，气流经过时不发生摩擦。只用在声母 sh、ch、sh、r 的后面。

-i [ɿ]：舌尖前元音。舌尖、前、高、不圆唇元音，例字：资、雌、思、自私、此次。发音时舌尖前伸，靠近上齿背，形成一条窄缝，气流经过时不发生摩擦。只用在声母 z、c、s 的后面。

er[ɚ]：卷舌元音。卷舌、央、中、不圆唇元音，例字：儿、而、耳、尔。发音时舌头处于自然状态，舌尖翘起和硬腭相对，气流的通路比较宽，嘴唇不圆。韵母 er 永远不和辅音声母相拼。

2. 复韵母：由两个或三个元音组成的韵母

复元音韵母也叫复韵母，是由两个或三个元音构成的。由两个元音构成的叫二合复韵母，由三个元音构成的叫三合复韵母。

复韵母的发音有两个特点。第一，发音时从一个元音到另一个元音是逐渐过渡的，而不是跳跃的，中间有许多过渡音。例如发ao时，先发a，然后舌位逐渐升高，后移，嘴唇逐渐收圆，最后发出o。第二，各元音的响度不等。响度大的元音在前的，叫作前响复韵母；响度大的元音在后的，叫作后响复韵母；响度大的元音在中间的，叫作中响复韵母，中响复韵母一定是三合复韵母。

普通话有 13 个复韵母，分为三组。

（1）二合前响复韵母，有 4 个，列举如下：

ai　例字：哀、来、该、爱戴、白菜。

ei　例字：每、类、黑、配备、肥美。

ao　例字：熬、涝、靠、烧烤、报告。

ou　例字：欧、漏、扣、口头、守候。

（2）二合后响复韵母，有 5 个，列举如下：

ia　例字：呀、家、下、加价、假牙。

ie　例字：耶、姐、谢、结业、贴切。

ua　例字：蛙、刷、瓜、挂画、花袜。

uo　例字：窝、说、活、骆驼、错过。

üe　例字：曰、学、决、约略、雀跃。

（3）三合中响复韵母，有 4 个，列举如下：

iao　例字：腰、聊、叫、巧妙、逍遥。

iou　例字：忧、流、救、悠久、绣球。

uai　例字：歪、怀、帅、摔坏、外快。

uei　例字：威、回、睡、追随、摧毁。

3. 鼻韵母：由一个或两个元音加上一个鼻辅音构成的韵母

带鼻音韵母也叫鼻韵母，是由元音和鼻辅音构成的。鼻韵母发音时，由元音开始逐渐向鼻辅音过渡，最后阻碍部分完全闭塞，气流从鼻腔流出。

普通话中作韵尾的鼻辅音有两个，就是 n 和 ng[ŋ]。n 是舌尖中浊鼻音，既可作声母又可作韵尾。作韵尾时要等气流停止后，双唇构成的阻碍才消除。ng[ŋ]是舌根浊鼻音，在普通话中只作韵尾不作声母。发音时，舌根抵住软腭，堵塞气流通往口腔的通路，同时软腭下垂。

气流颤动声带，从鼻腔通过。图 2 是 ng[ŋ]的发音示意图。

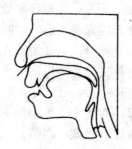

图2　ng发音示意图

鼻韵母有两类，就是前鼻音韵母和后鼻音韵母。

（1）前鼻音韵母，是以 n 为韵尾的韵母，有 8 个，列举如下：

an　　例字：安、单、罕、感叹、展览。

ian　例字：烟、颠、先、前线、片面。

uan　例字：弯、端、欢、贯穿、转换。

üan　例字：冤、捐、宣、渊源、全权。

en　　例字：恩、痕、深、认真、根本。

in　　例字：因、亲、今、殷勤、信心。

uen　例字：温、昏、春、论文、馄饨。

ün　　例字：晕、群、熏、均匀、军训。

（2）后鼻音韵母，是以 ng 为韵尾的韵母，有 8 个，列举如下：

ang　例字：昂、郎、常、帮忙、厂房。

iang　例字：央、江、腔、想象、响亮。

uang　例字：汪、荒、庄、状况、狂妄。

eng　例字：烹、登、蒸、更正、丰盛。

ing　例字：英、丁、星、命令、平定。

ueng　例字：翁、嗡、瓮、蕹。

ong　例字：工、东、通、隆重、从容。

iong　例字：雍、兄、窘、汹涌、穷凶。

二、四川方言区普通话韵母学习要点

（一）四川各方言区普通话学习的共性问题

1. 无单韵母 e[ɤ]

四川绝大部分方言区无单韵母 e[ɤ]，与普通话相应的韵母，大部分读为单韵母 ê[e]，如"德、特、勒、者、车、色、射"等字的读音；少部分读为单韵母 o[o]，主要集中在 g[k]、k[kʰ]、h[x]等声母与 e[ɤ]相拼的情况，如"哥、课、何"等字的读音。当然也有例外，如"格、客、核"字，就读 ê[e]而不读 o[o]。

2. 无复韵母 uo[uo]

四川方言区基本无复韵母 uo[uo]，与普通话相应的韵母，绝大部分读为单韵母 o[o]，如"多、托、挪、罗、说、若"等字的读音；少部分读为复韵母 uê[ue]（主要为入声不独立的方言区）或单韵母 u[ʊ]（主要为入声独立的方言区），主要集中在 g[k]、k[kʰ]、h[x]等声母与 uo[uo]相拼的情况，如"国、扩、括、或"等字的读音，当然也有例外，如"果、火、获"等字的读音基本还是读单韵母 o[o]。

3. 无后鼻韵母 ing[iŋ]

四川方言区基本无后鼻韵母 ing[iŋ]，绝大部分与普通话相应的韵母都读为前鼻韵母 in[in]，如"英、并、定、宁、灵、晶、清、形"等字的读音。

4. 无后鼻韵母 eng[əŋ]

四川方言区基本无后鼻韵母 eng[əŋ]，绝大部分与普通话相应的韵母都读为前鼻韵母 en[ən]，如"等、腾、更"等字的读音；少部分读为后鼻韵母 ong[oŋ]，主要集中在 b[p]、p[pʰ]、m[m]、f[f]等声母与 eng[əŋ]相拼的情况，如"蹦、朋、梦、风"。当然也有例外，如"彭"字，就有 pen[pʰən]和 pong[pʰoŋ]两种读法。

5. 无后鼻韵母 ueng[uəŋ]

四川方言区基本无后鼻韵母 ueng[uəŋ]，绝大部分与普通话相应的韵母都读为后鼻韵母 ong[oŋ]。如："翁、瓮"等字的读音。

（二）各方言区普通话学习的差异性

1. 成渝方言片学习要点

成渝方言片大体上是古入声今归阳平的方言区，该地区方言韵母基本上与普通话韵母一致，主要差异表现在：

（1）方言中有复韵母 uê[ue]。

该方言区比普通话音系多了复韵母 uê[ue]，uê[ue]韵母为入声韵母，主要跟声母g[k]、k[kʰ]、h[x]相拼。大体对应普通话韵母的uo[uo]，如"国、扩、括、或"等字的读音。川中地区，如遂宁市的部分区县"或"读 huɑi[xuai]，40 岁以下的青年人多读 ho[xo]。

（2）方言中有复韵母 üo[yo]。

该方言区比普通话音系多了复韵母 üo[yo]，üo[yo]韵母为入声韵母，主要跟声母 j[tɕ]、q[tɕʰ]、x[ɕ]相拼。与普通话韵母的对应大致有两种情况：大部分读复韵母 üe[ye]，如"觉、确、学"等字的读音；少部分读复韵母 iɑo[iɑu]，主要是零声母的字，如"药、钥"等字的读音。

（3）方言中有复韵母 iɑi[iɛi]。

该方言区比普通话音系多了复韵母 iɑi[iɛi]，iɑi[iɛi]韵母主要跟声母 j[tɕ]、q[tɕʰ]、x[ɕ]相拼。大体对应普通话韵母的 ie[ie]，如"戒、解、界、蟹、械"等字的读音。根据调查情况，在 40 岁以下的城市青年中，受普通话影响，该韵母已经趋于消失，基本上与普通话读音一致，读为 ie[ie]。

（4）关于普通话an、ian、uan、üan 等韵母的读音。

在成都、绵阳等市的部分区县，读音表现为鼻韵尾脱落，读成带鼻化的元音，即an[an]读为[aⁿ]，如"安、办、干、暂、产"等字的读音；ian[iɛn]读为[iɛⁿ]，如"烟、变、见"等字的读音；uan[uan]读为[uaⁿ]，如"万、短、管、钻、传"等字的读音；üan[yɣn]读为

［yɛⁿ］，如"院、卷、悬"等字的读音。

（5）关于普通话 er 韵母的读音。

在南充市的南部县等部分地区，读为无卷舌动作的央元音，即 er[ɚ]读为[ə]，如"二、儿、而"等字的读音。

（6）关于普通话 ü[y]韵母的读音。

川东北地区的部分县市，如广安市的邻水县、巴中市的南江县等地，受重庆方言影响，部分 ü[y]韵母字有对应的复韵母 üu[yu]的读音，如"欲、局"等字；川北地区的部分县市，ü[y]韵母读音与普通话未完全对应，往往读为 u[u]韵母，如南部县的部分地区"女"字的读音。

2. 岷江小片学习要点

岷江小片大体上是保留古入声独立调类的方言区，该地区方言韵母总体上与普通话韵母一致，但是由于保留有入声，因此有部分与入声调类相配的入声韵母，相对成渝片，与普通话差异更大，主要差异表现在：

（1）方言中有单韵母a[æ]、复韵母 ia[iæ]、ua[uæ]。

该方言区比普通话音系多了单韵母a[æ]，以及与该韵母相匹配的齐齿呼韵母 ia[iæ]和合口呼韵母 ua[uæ]，无相应的撮口呼韵母。这三个方言韵母均为入声韵母，大体对应普通话韵母的a[a]、ia[ia]、ua[ua]，如"踏、恰、刷"等字的读音。

（2）方言中有复韵母 üo[yo]。

该方言区比普通话音系多了复韵母 üo[yo]，üo[yo]韵母为入声韵母，主要跟声母 j[tɕ]、q[tɕʰ]、x[ɕ]相拼。与普通话韵母的对应大致有三种情况：大部分读复韵母 üe[ye]，如"觉、确、学、月"等字的读音；少部分读复韵母 iao[iau]，主要是零声母的字，如"药、钥"等字的读音；还有一部分读单韵母 ü[y]，也集中在零声母的字里，如"欲"字的读音。

（3）方言中有单韵母 u[ʊ]。

该方言区普遍比普通话音系多了单韵母 u[ʊ]，u[ʊ]韵母为入声韵母，大体对应普通话韵母的 u[u]和 uo[uo]，如"叔、说、国"等字的读音。

（4）方言中有单韵母 o[ɔ]。

在岷江成都周围的入声区，如崇州、邛崃、大邑、温江等地区比普通话音系多了单韵母 o[ɔ]，主要跟 g[k]、k[kʰ]、h[x]等声母相拼。大体对应普通话韵母的 e[ɤ]，如"哥、渴、各、可"等字的读音。

（5）方言中有复韵母 iɑi[iɛi]。

该方言区比普通话音系多了复韵母 iɑi[iɛi]，iɑi[iɛi]韵母主要跟声母 j[tɕ]、q[tɕʰ]、x[ɕ]相拼。大体对应普通话韵母的 ie[ie]，如"戒、解、界、蟹、械"等字的读音。根据调查情况，在 40 岁以下的城市青年中，受普通话影响，该韵母已经趋于消失，基本上与普通话读音一致，读为 ie[ie]。

（6）普通话 ian、üan 等韵母的读音。

在岷江下游部分区县，如宜宾市的高县，没有 ian[iɛn]韵母和üan[yɛn]韵母，ian[iɛn]韵母读为 iɑi[iɛi]，如"天、见、变"字的读音；üan[yɛn]韵母读为 üai[yɛi]，如"原、卷"等字的读音。

（7）普通话 i、ie 等韵母的读音。

在岷江下游部分区县，如宜宾市的翠屏区，在入声字中，i[i]韵母与 ie[ie]韵母的对应关系与普通话基本相反，即 i[i]读作 ie[ie]，如"一、席、鼻"等字的读音，ie[ie]读作 i[i]，如"爷、借、姐、灭"等字的读音。但在非入声字中，对应关系基本一致，如"叶、节"等字的韵母还是读作 ie[ie]，"几、奇"等字的韵母还是读作 i[i]。

3. 仁富小片学习要点

仁富小片大体上是古入声今归去声的方言区，该地区方言韵母基本上与普通话韵母一致，主要差异表现在：

（1）方言中有复韵母 uê[ue]。

除少数方言点，如眉山市仁寿县以外，该方言区比普通话音系多了复韵母 uê[ue]，uê[ue]韵母为入声韵母，主要跟声母 g[k]、k[kʰ]、h[x]相拼。大体对应普通话韵母的 uo[uo]，如"国、扩、括、或"等字的读音。"或"字在 40 岁以下的年轻人中读为 ho[xo]。

（2）方言中有复韵母 üo[yo]。

该方言区比普通话音系多了复韵母 üo[yo]，该方言韵母为入声韵母，主要跟声母 j[tɕ]、q[tɕʰ]、x[ɕ]相拼。与普通话韵母的对应大致有两种情况：大部分读复韵母 üe[ye]，如"觉、确、学"等字的读音；少部分读复韵母 iɑo[iau]，主要是零声母的字，如"药、钥"等字的读音。

（3）方言中有复韵母 iɑi[iɛi]。

该方言区比普通话音系多了复韵母 iɑi[iɛi]，iɑi[iɛi]韵母主要跟声母 j[tɕ]、q[tɕʰ]、x[ɕ]相拼。大体对应普通话韵母的 ie[ie]，如"戒、解、界、蟹、械"等字的读音。根据调查情况，在 40 岁以下的城市青年中，受普通话影响，该韵母已经趋于消失，基本上与普通话读音一致，读为 ie[ie]。

（4）关于普通话ɑng、iɑn、uɑng、üɑn 等韵母的读音。

在自贡市的荣县部分地区，无后鼻韵母ɑng[aŋ]，均读为前鼻韵母 ɑn[an]，如"三、桑"等字的读音；无鼻韵母 iɑn[iɛn]，均读为鼻韵母 in[in]，如"电、钱、盐"等字的读音；无后鼻韵母 uɑng[uaŋ]，均读为前鼻韵母 uɑn[uan]，如"关、光"等字的读音；无鼻韵母 üɑn[yɛn]，均读为 ün[yən]，如"泉、院、卷、悬"等字的读音。

4. 雅棉小片学习要点

雅棉小片大体上是古入声今归阴平的方言区，该地区方言韵母接近成渝片方言韵母，基本上与普通话韵母一致，主要差异表现在：

（1）方言中有复韵母 uê[ue]。

除少数方言点，如石棉县、汉源县以外，该方言区比普通话音系多了复韵母 uê[ue]，uê[ue]韵母为入声韵母，主要跟声母 g[k]、k[kʰ]、h[x]相拼。大体对应普通话韵母的 uo[uo]，如"国、扩、括、或"等字的读音。

（2）方言中有复韵母 üo[yo]。

该方言区比普通话音系多了复韵母 üo[yo]，该方言韵母为入声韵母，主要跟声母 j[tɕ]、q[tɕʰ]、x[ɕ]相拼。与普通话韵母的对应大致有两种情况：大部分读复韵母 üe[ye]，如"觉、确、学"等字的读音；少部分读复韵母 iɑo[iau]，主要是零声母的字，如"药、钥"等字的读音。

（3）关于普通话ɑn、iɑn、uɑn、üɑn等韵母的读音。

在雅安、石棉等部分区县，读音表现为鼻韵尾脱落，读成带鼻化的元音，即ɑn[an]读为[aⁿ]，如"三、产"等字的读音；iɑn[iɛn]读为[iɛⁿ]，如"盐、变、见"等字的读音；uɑn[uan]读为[uaⁿ]，如"关、短、钻、传"等字的读音；üɑn[yɛn]读为[yeⁿ]，如"泉、卷、悬"等字的读音。

5. 少数民族地区学习要点

四川的少数民族，主要集中在甘孜藏族自治州、阿坝藏族羌族自治州、凉山彝族自治州三个民族自治州及邻近的区县。由于该地区原属西康省，是少数民族与汉族混居地区，故在过去的四川汉语方言调查中没有做更多工作，除了少数地点（宁南县、巴塘县、冕宁县等）有比较明确的汉语方言分区以外，大部分没有分区。根据目前了解的情况，该地区少数民族群众大部分能说当地汉语方言，且受成渝片方言影响较大，韵母基本一致，与普通话的差异主要表现在：

（1）关于齐齿呼、撮口呼韵母的读音。

该地区内少数区县无撮口呼韵母，如凉山州的宁南县、普格县，属于西南官话贵昆片，该地区撮口呼韵母全部读为相应的齐齿呼韵母。即ü[y]和üe[ye]都读为i[i]，如"米、笔、别、虚、姐、月"韵母读音都是i[i]；ün[yən]读为in[in]，如"今、均"韵母读音都是in[in]；üɑn[yɛn]读为iɑn[iɛn]，如"盐、泉"韵母读音都是iɑn[iɛn]。甘孜州的巴塘县，属于西南官话黔北片，i[i]和ie[ie]都读作i[i]，如"姐、己"读音相同，均为[tɕi]，ü[y]和üe[ye]都读为ü[y]，如"靴、虚"都读为[ɕy]。

（2）关于普通话复韵母的发音。

凉山州彝族同胞受四川彝语影响较大，由于彝语中全部为单元音韵母，无复韵母，所以该地区彝族同胞在学习普通话韵母时，发复韵母有较大困难，很难体现出复韵母的动程，而表现出单音节化的特点，使人听觉上产生音节跳跃的感觉。

三、四川人学普通话的韵母重点训练

四川方言韵母内部差异较大，在学习普通话韵母的时候，既有共同存在的问题，又有各方言区特有的问题。本部分在训练共性问题的同时，也力争将各方言区存在的问题加以针对性的训练，当然采取穷举法是不可能的，所以我们也仅针对各方言区最典型、最突出的问题加以训练，对一些极个别的问题，主要通过后面的综合练习加以覆盖，并未做单独训练。

（一）词汇训练

1. 关于普通话a韵母的发音

阿妈 砝码 大厦 哪怕 杂沓
发扬 卡车 拖拉 敲诈 安插

2. 关于普通话 er 韵母的发音

儿歌 而立 尔曹 耳鸣 二胡
婴儿 然而 偶尔 中耳 钓饵

3. 区分 in、ian、üan、un

引言 演练 亲眼 谦逊 简练 今天
新鲜 借鉴 匀点 全运 泉眼 源泉

4. 区分 o、uo、e

厕所 恶果 恶魔 车祸 隔膜 合作 合伙 刻薄
惹火 各国 勒索 折磨 课桌 波折 薄荷 撮合
错车 国策 国歌 挫折 火车 或者 火舌 墨客
说客 作恶 灼热 卧车 拖车 说和 作客 作者
驼色 墨盒 末扎 若何 着色 脱色

5. 区分鼻韵尾 in 和 ing

心情 禁令 民警 品行 聘请 进行 新型 尽情
心灵 拼命 民兵 尽兴 金星 新颖 挺进 平民

平民	听信	灵敏	清音	迎新	影印	领巾	病因
定亲	清新	精心	轻信	心境	行径	亲生	轻生
金质	精致	人民	人名	信服	幸福	频繁	平凡
亲近	清静	凭信	平行	金银	经营		

6.　区分鼻韵尾 an 和 ang

担当	安防	班长	繁忙	站岗	南方	反抗	安康
半晌	返航	肝脏	擅长	战场	商贩	当然	傍晚
长叹	上班	账单	方案	烂漫	浪漫	反问	访问
赞颂	葬送	开饭	开放	安然	盎然	担心	当心
弹词	搪瓷	杆子	缸子	施展	师长	一般	一帮

7.　区分鼻韵尾 en 和 eng

真诚	本能	深层	奔腾	真正	神圣	人称	文风
纷争	门缝	人生	成本	成分	登门	承认	成人
诚恳	城镇	风尘	锋刃	能人	胜任	正门	证人
陈旧	成就	真挚	争执	申明	声明	木盆	木棚
清真	清蒸	瓜分	刮风	绅士	声势	人生	人参
诊治	整治	身世	生事	时针	时政		

8.　区分 i、ü、ie、üe

继续	纪律	谜语	体育	例句	低于	绿篱
举例	曲艺	具体	预习	玉米	预期	疟疾
憋气	蹩脚	撒开	一瞥	黑夜	戏谑	解决
污蔑	威胁	书写	倾泻	废液	崛起	雪域
分区—分期	名义—名誉	容易—荣誉				
季节—拒绝	雨季—语句	办理—伴侣				
事宜—适于	书籍—书局	大姨—大雨				
得意—德育	里程—旅程	实际—实据				
戏曲—序曲	臆测—预测	遗传—渔船				
移民—渔民	意见—遇见	防疫—防御				

（二）综合练习

1. 诗歌

捕鱼歌

人远江空夜，浪滑一舟轻；

儿咏唉唷调，橹暖和啊声；

网罩波心月，竿穿水面云；

鱼虾留瓮内，快活四时春。

2. 文章

白杨礼赞

那是力争上游的一种树，笔直的干，笔直的枝。它的干呢，通常是丈把高，像是加以人工似的，一丈以内，绝无旁枝；它所有的丫枝呢，一律向上，而且紧紧靠拢，也像是加以人工似的，成为一束，绝无横斜逸出；它的宽大的叶子也是片片向上，几乎没有斜生的，更不用说倒垂了。它的皮光滑而有银色的晕圈，微微泛出淡青色。这是虽在北方的风雪的压迫下却保持着倔强挺立的一种树。哪怕只有碗来粗细罢，它却努力向上发展，高到丈许，二丈，参天耸立，不折不挠，对抗着西北风。

这就是白杨树，西北极普通的一种树，然而绝不是平凡的树！

它没有婆娑的姿态，没有屈曲盘旋的虬枝，也许你要说它不美丽，——如果美是专指"婆娑"或"横斜逸出"之类而言，那么白杨树算不得树中的好女子；但是它却是伟岸，正直，朴质，严肃，也不缺乏温和，更不用提它的坚强不屈与挺拔，它是树中的伟丈夫！当你在积雪初融的高原上走过，看见平坦的大地上傲然挺立这么一株或一排白杨树，难道你觉得树只是树，难道你就不想到它的朴质，严肃，坚强不屈，至少也象征了北方的农民；难道你竟一点也不联想到，在敌后的广大土地上，到处有坚强不屈，就像这白杨树一样傲然挺立的守卫他们家乡的哨兵！难道你又不更远一点想到这样枝枝叶叶靠紧团结，力求上进的白杨树，宛然象征了今天在华北平原纵横决荡用血写出新中国历史的那种精神和意志。

——节选自茅盾《白杨礼赞》

3. 绕口令

（1）单韵母。

①坡上立着一只鹅，坡下就是一条河。宽宽的河，肥肥的鹅，鹅要过河，河要渡鹅，不知是鹅过河，还是河渡鹅？

②山上五棵树，架上五壶醋，林中五只鹿，箱里五条裤。伐了山上树，搬下架上的醋，射死林中的鹿，取出箱中的裤。

③山前有只虎，山下有只猴。虎撵猴，猴斗虎；虎撵不上猴，猴斗不了虎。

（2）鼻韵母。

①扁担长，板凳宽，扁担没有板凳宽，板凳没有扁担长。扁担绑在板凳上，板凳不让扁担绑在板凳上。

②一平盆面，烙一平盆饼，饼碰盆，盆碰饼。

③任命是任命，人名是人名，任命不能说成人名，人名也不能说成任命。

④山前有个严圆眼，山后有个严眼圆，二人山前来比眼，不知是严圆眼的眼圆，还是严眼圆比严圆眼的眼圆？

（3）复韵母。

①磨坊磨墨，磨碎磨坊一磨墨；梅香添煤，煤爆梅香两眉灰。

②出南门，走六步，见着六叔和六舅，叫声六叔和六舅，借我六斗六升好绿豆；过了秋，打了豆，还我六叔六舅六十六斗六升好绿豆。

③哥挎瓜筐过宽沟，过沟筐漏瓜滚沟。隔沟挎筐瓜筐扣，瓜滚筐空哥怪沟。

④山前有个崔粗腿，山后有个崔腿粗。二人山前来比腿，不知是崔粗腿比崔腿粗的腿粗，还是崔腿粗比崔粗腿的腿粗？

第五章　普通话声调

一、调值、调类和调号

（一）调值

调值指的是音节高低、升降、曲直、长短的变化形式，也就是声调的实际读法。调值主要是由音的高低变化构成的，音的高低则取决于声带在一定时间内振动次数的多少。发音时，声带越紧，在一定时间内振动的次数越多，音就越高；反之音就越低，可见音的高低是用声带的松紧来调节的。调整声带的松紧，产生音高的变化，就形成了不同的声调。

普通话调值的音高与音乐里音阶的音高是不同的。音乐里的每个音阶都有着固定不变的音高，这叫绝对音高。而声调调值的音高则是相对的，因为每个人的嗓音条件是不同的，张三的音高点，李四的音低点，但只要他们各自按自己的嗓音条件来读，且调值、调型准确，就是正确的，不会因为他们的音高影响人们的认知。

普通话共有 4 个声调（不包括轻声和变调）。为了能更直观具体地描写普通话 4 个声调的调值，学者们建立了一套"五度标记法"来标记声调。如图 1 所示：

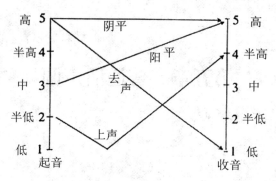

图1   五度标记法

在图 1 中，竖线为音高线，把音高分为 5 度，由低到高依次是：1 度（低）、2 度（半低）、3 度（中）、4 度（半高）、5 度（高）。

从图 1 可以看出普通话四声的实际读法：

阴平又叫第一声，调值是 55，由 5 度到 5 度，高而平，中间没有升降的变化，因此又叫高平调。如：高、京、飞、天。

阳平又叫第二声，调值是 35，由 3 度升到 5 度，即由中音升到高音，因此又叫高升调。如：阳、回、学、行。

上声又叫第三声，调值是 214，由半低音 2 度先降到低音 1 度，再升到半高音 4 度，因此又叫降升调。上声是前半段短，后半段长。如：我、管、讲、写。

去声又叫第四声，调值是 51，由高音 5 度直降到低音 1 度，因此又叫全降调。如：去、掉、下、降。

普通话四声的一些特点：四个声调的调形有明显的区别，一平、二升、三曲、四降；除阴平外，其他三个声调升降的幅度都比较大；阴、阳、去声都有最高的 5 度，上声末尾也上升到 4 度，所以高音成分多，整体上会显得比较高昂；四个声调的长度不一样，上声最长，阳平其次，阴平再次，去声最短。

（二）调类

调类指的是声调的种类，就是把调值相同的音节归纳到一起所形成的种类。普通话有四个声调，也就有了阴平、阳平、上声、去声这四个调类。

（三）调号

调号是表示声调的符号。普通话四个声调调号的标法，以元音 ɑ 为例：阴平"ā"，阳平"á"，上声"ǎ"，去声"à"。声调符号要标在音节的元音上，若音节中有两个或三个元音，声调符号就标在开口度大，发音较响亮的主要元音上，要是碰到 iu 和 ui 这两个韵母时，声调符号就标在后一个字母上，当声调符号标在 i 上时，要去掉上面的点。需要注意的是，轻声不标调号。有一个口诀有助于我们更好地记住这些规则："有 ɑ 就标 ɑ，无 ɑ 找 o、e，i、u 并列标后头，单个元音不必说。"

二、普通话声调的作用

（一）区别意义

在普通话中，一个音节的声母、韵母都相同，但由于声调不同，意义也就不同。如鲜（xiān）、咸（xián）、显（xiǎn）、现（xiàn），因此声调读错了，就会造成词义理解的错误。

（二）增加旋律感

普通话的声调体现为字调，由于每个字的声调不同，形成读和说的语流时，就会有音的高低、长短、曲折的变化，也就增加了普通话的旋律感；选用不同声调的字词巧妙配合，还能形成美妙的旋律，如成语：千锤百炼、兵强马壮、喜笑颜开。诗人则更会精炼字词，形成汉语诗歌特有的韵律美。

三、四川方言与普通话声调的比较

（一）调类

从调类方面看，四川的大部分地区和普通话一样，也是四个调类，而且在一般情况下，属于四川方言中某一调类的字，在普通话中也往往归在同一调类，总体上差异不大。

（二）调值

从调值方面看，四川方言与普通话除了阴平之外，另外三个声调的调值差异是很大的。我们从二者的对比中可以看出：四川方言的阴平调与普通话的阴平调较一致，大都是高平调或高升调，如成都阴平调的调值大致是 45、自贡的阴平调的调值大致是 35。

阳平调在四川的多数方言区是下行调。如西昌地区的调值大致是52，成都地区的调值大致是 41，自贡、雅安、南充、达川、广元等地区的调值大致是 21 或 31，而普通话的阳平调与四川方言恰恰相反，是上行调，调值是 35。

上声在四川的多数地区是高起的下行调，调值大致是 53 或者 42，仅少数地区是上行调，如西昌地区的调值是 34，而普通话的上声却是低起的曲折调，调值是 214。

去声在四川的多数方言区是低起上扬的，从调值看，成都、南充、雅安、自贡、广元、达川等地，去声的调值成了类似于普通话上声的214 或 213，而普通话的去声却是高起下行的，调值是 51。

由此可见，四川方言区声调问题的重点是在调值上。我们一定要弄清楚自己所在方言区各个声调的调值，并与普通话相同声调的调值进行比较，在比较中发现自己声调的问题，有针对性地进行矫正。

（三）入声字

入声是古代汉语的四声（平声、上声、去声、入声）中的一个声调。这个声调所包含的字被称为古入声字或入声字。在向现代汉语的转化过程中，古汉语四声中的平、上、去三个声调，大致对应转换到了普通话的四声中。其中平声转换为普通话的阴平和阳平，而入声则消失了。入声字归入到了普通话的四声中。

从古汉语声调的归类看，四川的大部分地区与普通话差异不大，也是平声大致转换到了阴平和阳平，上声和去声也是大致不变，但还是有一些地区，入声作为一个独立的调类被保留了下来。在这些地区，除了阴平、阳平、上声、去声外，还多了个入声调。入声独立成为一个调类的，主要集中在川西、川南一带。

下面列出的是入声独立成为一个调类的一些地区（主要是岷江小片方言区）：成都地区的双流、温江、郫县、都江堰市、彭州、新都、新津、崇州、邛崃、浦江、大邑等地；泸州地区的泸州、泸县、纳溪、合江、叙永等地；德阳地区的什邡；绵阳地区的盐亭；遂宁地区的射洪；宜宾地区的宜宾、兴文、南溪、珙县、古蔺、高县、长宁、屏山、江安等地；乐山地区的乐山、夹江、洪雅、犍为、丹棱、沐川、青神、峨眉山市、眉山、彭山、峨边等地；南充地区的西充；雅安地区的荥经。

从古入声字的归类来看，除了一些入声调被独立保留下来的地区，在四川的多数方言区，古入声字也被归入到四声之中，但所归的类与普通话有很大的不同。在四川方言中，古入声字主要被归入到阳平，但一些地区有例外，如雅安、名山、芦山、石棉、天全、宝兴、汉源、泸定等地被归入到阴平；自贡、富顺、荣县，内江、威远、隆昌、筠连、仁寿、井研、冕宁等地被归入到去声，因此不能按普通话入声字的归类来类推。

由此看来，古入声字是学习普通话的一个难点。常用的古入声字有 700 多个，我们要知道哪些是古入声字，古入声字在普通话中归入了哪个调类。表 1 的古入声字的普通话读音表可以供我们查阅。

表1　古入声字的普通话读音表

例字 声韵	声调			
	阴平	阳平	上声	去声
ba	八捌	拔跋		
bai		白	百佰柏伯（大伯）	
bao	剥（剥皮）	薄雹		
bei			北	
bi	逼	鼻荸	笔	必弼毕哔碧壁 璧辟
bie	憋鳖瘪（瘪三）	别蹩	瘪（干瘪）	别（别扭）
bo	拨剥（剥削）钵	勃渤博搏膊帛薄 （薄暮）泊驳伯箔舶		
bu			卜（占卜）	不
ca	擦			
ce				策侧测厕恻册
cha	插	察		
chai	拆			
che				彻澈撤
chi	吃		尺	叱斥赤饬
chu	出			绌黜畜（牲畜） 触矗
chuo	戳			啜辍绰龊
cu				促猝簇蹙蹴
cuo	撮			错
da	答（答应）搭	达答（回答）		
de		得德		
di	滴	狄荻迪的（的确） 涤敌嫡笛籴		的（目的）

例字 声韵	声		调	
	阴平	阳平	上声	去声
die	跌	迭谍堞蹀碟蝶叠		
du	督	毒独读渎牍黩	笃	
duo	咄	夺度（忖度）踱铎		
e		额	恶（恶心）	厄扼呃谔鄂愕萼腭锷鳄遏恶（恶意）噩
fa	发	乏伐筏罚阀	法砝	发（理发）珐
fo		佛		
fu		弗佛怫拂伏袚服幅福辐蝠		缚复腹蝮鳆覆馥
ga	夹（胳肢窝）	轧（夹帐）		
ge	疙胳（胳臂）鸽搁（搁浅）割	阁格蛤（蛤蜊）革隔嗝膈葛胳（胳肢）		
gei			给（交给）	
gu	骨（骨碌）	骨（骨头）	谷骨（骨肉）	梏
gua	刮鸹			
guo	郭聒蝈	国掴帼		
hao			郝	
he	喝	合盒颌核涸阂阖貉（阁）		吓（恐）褐赫鹤壑
hei	黑嘿			
hu	忽惚愱唿	囫斛		
hua		滑猾豁		划
huo	豁（豁口）	活		或惑获霍豁（豁免）

例字 声韵	声		调	
	阴平	阳平	上声	去声
ji	击迹唧积屐绩辑（侦缉）	及汲级吉即亟急疾嫉棘集瘠籍	给（供给）脊戟	寂鲫稷
jia	夹浃	荚颊	甲胛钾	
jiao		嚼	角脚	
jie	疖结（结实）接揭	孑节杰劫诘洁结捷竭截睫		
ju	掬鞠	局菊		剧
jue	撅	决诀抉觉珏绝倔（倔强）掘崛厥獗镢蹶爵嚼（咀嚼）攫孓		倔（倔头倔脑）
ke	磕瞌	壳咳	渴	克刻客嗑
ku	哭窟			酷
kuo				扩括阔廓
la	邋			腊蜡辣瘌
lao				烙酪
le				乐勒
lei	勒（勒紧）			勒
li				力历沥雳立粒笠砾栗溧傈
lie				列洌烈裂劣猎
liu				六
lu				陆录禄碌鹿漉麓戮
lü				律率（效率）绿氯

续表

声调 例字 声韵	阴平	阳平	上声	去声
lüe				掠略
luo	将（将起袖子）			洛落骆络
ma	抹（抹布）			
mai				麦脉（脉络）
mei		没（没有）		
mi				觅宓密蜜
mie				灭蔑篾
mo	摸	膜	抹（抹煞）	末沫抹（抹角） 茉没（淹没）陌 莫漠寞墨默秣 殁
mu				木沐目睦牧穆 幕
na				呐（呐喊）纳捺 衲
ni				逆匿溺昵
nie	捏			聂嗫蹑镍孽
nüe				虐疟（疟疾）
nuo				诺
pai	拍			
pi	劈霹	枇	匹癖	僻辟（开辟）
pie	撇（撇开）瞥		撇（撇捺）	
po	朴（朴刀）泼泊（湖 泊）			迫珀粕魄朴（厚 朴）
pu	扑仆（前仆后继）	仆（仆人）濮璞	蹼朴（朴素）	瀑（瀑布）

续表

声韵 \ 例字	声		调	
	阴平	阳平	上声	去声
qi	七戚嘁槭缉（缉鞋底）漆		乞	讫迄泣
qia	掐			洽恰
qiao				壳（地壳）
qie	切（切削）			切窃怯妾锲惬箧
qu	曲（弯曲）蛐屈		曲（歌曲）	
que	缺阙			却雀确鹊阕
re				热
ri				日
rou				肉
ru		辱		褥入
ruo				弱若
sa	撒（撒手）		撒（撒种）	卅萨飒
sai	塞（瓶塞）			
se				色涩瑟啬穑塞（闭塞）
sha	杀刹			煞霎
shai			色（套色）	
shao		勺芍（杓）		
she		舌折（折耗）		设涉慑摄
shi	失虱湿	十什石识实食拾蚀		式拭弑饰室适释
shu	叔淑	孰塾熟赎	属蜀	术述束
shua	刷（刷墙）			刷（刷白）
shuai				率蟀

续表

例字 声韵	声			调
	阴平	阳平	上声	去声
shuo	说			烁铄朔硕
su		俗		速肃宿夙粟籁
suo	缩嗍	索		
ta	塌		塔獭	沓踏挞榻蹋
te				忑忒特
ti	剔踢			逖惕
tie	帖（服帖）贴		帖（请帖）铁	帖（字帖）
tu	凸秃突			
tuo	托脱			拓柝
wa	挖			袜
wo				沃握龌
wu	屋			勿物
xi	夕汐矽吸昔惜析淅晰息熄悉蟋西锡膝蜥	习席袭媳檄		隙
xia	瞎	匣侠峡狭硖辖		吓
xiao	削			
xie	歇蝎楔	协胁挟	血（流血）	泄屑亵燮
xu				旭恤畜蓄续蓿
xue	削（剥削）	穴学噱（噱头）	雪	血（血液）
ya	压押鸭			轧（轧棉花）
yao				药钥
ye	噎			叶业页液掖腋谒靥

例字 声韵	声　　　　调			
	阴平	阳平	上声	去声
yi	一壹揖		乙	亦弈译驿抑邑（浥）悒佚轶役疫易益溢逸翼亿臆绎屹蝎
yu				玉育郁狱浴欲域鱊毓
yue	约曰			月乐岳钥（锁钥）悦阅跃钺越粤
za	匝咂扎	杂砸		
zao		凿（凿洞）		
ze		责则泽择		仄
zei		贼		
zha	扎（扎针）	扎（挣扎）轧闸铡	眨	栅（栅栏）
zhai	摘	宅翟	窄	
zhao		着（着急）		
zhe		折哲蜇蛰辄辙	褶	这浙
zhi	汁只织	执直值植殖侄职	表上声	帜质炙秩室掷
zhou	粥	妯轴		
zhu		竹竺烛逐	嘱	祝筑
zhuo	拙卓桌涿捉	灼酌苗镯啄琢着（衣着）		
zu		卒族足		
zuo	作（作坊）	昨		作（作用）凿（凿穿）

四、普通话声调的练习

声调是一个复杂的系统，声调的学习和训练会涉及发音的方式、方法、方言、习惯、调型的多样性以及变调等诸多方面，因此练好声调也应从多方面入手。

（1）要学会控制好自己的声带，能稳定自如地发出高低长短曲折变化的声音。

（2）要注意四声音高的统一性与一致性，不能阴平起得偏低（如44），阳平又上扬到5，去声的起音高度却在3，造成声调系统的混乱。

（3）要清醒地意识到，多年形成的说话习惯，尤其是方言的习惯是难以改变的，必须要有足够的耐心和自觉性，训练时要始终意识到这些影响的存在，只有在确认自己的发声是正确的时候，才进行练习。盲目地练习，普通话声调没练好，反倒又会生出新的问题来。

（4）注意四个声调不同的音长，相比较而言，上声最长，阳平其次，再次是阴平，最短是去声。

（5）了解本方言区学习普通话声调的难点。就四川方言区来讲，学习普通话声调难度最大的是二声和三声，差错率最高的也是二声和三声。

（6）要掌握普通话四声中每个声调的调型、调值及其发声特点，尤其要注意普通话的四声与自己方言区的四声之间的对应比较，方言声调的发音习惯对普通话声调学习的影响。具体说来就是：阴平是高平55调。阴平有给阳平、上声、去声定调的作用，发音一定要高且平稳，否则后面的声调就不好把握。发音时声带一定要绷紧，并且要保持持续紧张，不能松，否则尾音就会下行，变成曲折调了。练习时可以用一个单韵母分别读出几个高低不同的阴平调，体会其高低的不同，然后定出阴平的音高来。

阳平在四川多数地区是下行调，而普通话恰恰相反，是上行的35调。按方言习惯，往往是起音后直接下行，成了下行调，或者上扬高度不够，再或者下行后拐弯，成了曲折调。

练习阳平调，起音时声带要中度紧张，然后迅速绷紧声带直到最高点，但也要注意音程不能太短了。可以先多选一些去声加阳平的词语，如"去年""过程"，先读去声，将声带放到最松，并从最低点向上找到中度音高的上行起点。另外读阳平调也得注意起音不要太高，否则声带太紧了就升不上去了。

上声是降升的曲折调，本来读起来就有难度，而四川的多数地区上声又是高起的下行调，更增加了学习的难度。学习上声的主要问题是：受方言发声习惯的影响，起音太高，导致后续拐不上去，成了高起的半上；或尾音拐得过低、过短，调值成了与普通话上声相反的412或512；低起或高起但并没有上拐，调值成了21或41的半上。半上的情况在读单音节时往往会少些，读双多音节或语句末尾的上声时，由于注意力多在前面的音节，出现半上的情况要多些。

练习上声，起音时声带一定要处在较松弛的状态，然后完全松弛下来，降至最低点后迅速绷紧声带上升至较为紧张的高度，还要注意转折的顺滑，不能有停顿。为了更好地体验和把握上声的低起，可以选择一个去声加一个上声的词语组合，如"下手""落脚"，先读去声，将声带放到最松，然后在此基础上略收紧声带发起上声。

去声在普通话中是高起的下行调，调值是51，而在四川的多数地区恰恰是相反的低起上扬。好在去声的调型简单，矫正起来相对容易些。一定要将声带绷紧到阴平的高度再下行，要特别注意下行到位，不要把51变成了52或53，或起音过低。练习时要先将声带绷到最紧，然后迅速松弛下来降到最低点。可以多选择阴平或阳平加去声的词语组合，如"英俊""相信""拿下""局限"，这样就可以先将声带拉紧到阴平调的高度，然后再放松声带降到最低点。另外还要注意，去声的音长虽然相对较短，但也不可过短。

（7）要循序渐进。最好先从单音节开始练习，确保每个音节声调的准确，然后是双音节、多音节，再往后才是句子以及形成语流。先从语流开始，一个个音节连贯而出，相互影响，就难免顾此失彼，也难以判断和把握声调的准确性。

五、词语训练

1. 同声调词语练习

（1）双音节词语。

阴平

| 出发 | 飞机 | 关心 | 商标 | 村庄 | 炊烟 | 风波 | 青春 |
| 松针 | 鲜花 | 公差 | 家书 | 铺张 | 欢呼 | 西装 | 车间 |

阳平

| 学习 | 河流 | 环结 | 严格 | 昂扬 | 儿童 | 竹楼 | 格言 |
| 名伶 | 同年 | 南国 | 神明 | 权衡 | 荷塘 | 隔阂 | 凌晨 |

上声

| 冷暖 | 反转 | 好感 | 处理 | 美好 | 语法 | 举手 | 领口 |
| 玛瑙 | 整改 | 举止 | 法理 | 领导 | 洒水 | 滚筒 | 剪影 |

去声

| 下降 | 去掉 | 妙趣 | 社会 | 励志 | 见面 | 命令 | 硬汉 |
| 眷恋 | 善念 | 护照 | 电信 | 教室 | 劝告 | 笑傲 | 浪漫 |

（2）四音节词语。

阴平

| 江山多娇 | 交通公司 | 惺惺相惜 | 珍惜光阴 | 书山生辉 |

阳平

| 儿童文学 | 牛羊成群 | 人民团结 | 传承文明 | 严格执行 |

上声

| 远景美好 | 彼此理解 | 永远友好 | 处理稳妥 | 守我领土 |

去声

| 创造世界 | 胜利闭幕 | 变幻莫测 | 继续进步 | 爱护备至 |

2. 异声调词语练习

（1）双音节词语。

阴平+阳平

清泉　中华　光芒　辛勤　英明　叮咛　优良　帮忙
开怀　单纯　亲朋　温柔　花篮　坚强　周详　经营
阴平+上声
操场　歌舞　思想　参考　发表　开水　黑板　英勇
青草　烹煮　鲜果　双手　褒奖　捐款　专有　窗口
阴平+去声
光亮　惊艳　都市　公认　发动　工会　音乐　方向
音乐　希望　听命　崩溃　捐献　相信　专注　谦让
阳平+阴平
国家　原因　时间　人生　成功　茶托　文章　结晶
灵犀　赢家　台灯　行星　全家　情操　达观　阳光
阳平+上声
明朗　平坦　毛笔　停止　雄伟　联想　直爽　田野
拳脚　拿走　泥土　云朵　菱角　竹笋　调侃　王者
阳平+去声
零件　嘹亮　无畏　学校　同伴　条框　匀称　宁静
杂志　朋辈　文化　团购　权限　民用　陪衬　蒙蔽
上声+阴平
广播　小说　武功　井喷　纸巾　野花　首都　奖金
写真　整编　警钟　小心　取经　谎称　抢收　产销
上声+阳平
假名　果核　影碟　口型　史前　启迪　引航　广博
领衔　扫描　草莓　锦旗　往前　法庭　皎洁　版图
上声+去声
了断　远见　领带　款式　友爱　改进　巧遇　洗净
俯瞰　敞亮　讲课　享受　喜庆　缓慢　奖励　榜样
去声+阴平
降生　爱惜　信心　电灯　贯通　健康　故乡　恋家
绿荫　夜莺　亮光　畅通　彗星　杏花　树根　创收
去声+阳平

论题　夜游　幻觉　定型　去年　库存　二胡　画廊
硬盘　树林　范文　太湖　伴随　淡然　预防　内容

去声+上声

报纸　历史　量子　呐喊　庆典　静止　梦想　秀美
雇主　赞赏　下手　降解　密友　附属　敬礼　翅膀

（2）四音节词语。

阴平+阳平+上声+去声

千锤百炼　光明磊落　花红柳绿　山河美丽　风调雨顺
诸如此类　阴阳上去　非常想念　兵强马壮　胸怀广阔

第六章　普通话的音变

音变指的是语音在语流中形成的一些变化。人们在说话或朗读时，连续发出的一连串音节被称为语流。在语流中，音素与音素、音节与音节、声调与声调之间会相互影响，从而产生一些语音上的变化，这种变化就叫音变。普通话的主要音变现象有：变调、轻声、儿化、语气词"啊"的音变。

一、变调

（一）上声变调

上声单独念或在语句的末尾时要读原调。由于上声是曲折调，又比较长，如果在上声音节的后续又出现了其他音节，这时上声就会发生一些变化，调形不再曲折，这样就会显得更连贯、流畅。

上声音节的变化规律是：

（1）上声在非上声（阴平、阳平、去声和轻声）前面，调值由214变为211，去掉了后半段的14，变成了下行的半上声（简称"半上"）。如：网吧、领航、努力、饺子。

（2）两个上声相连，前一个上声的调值由214变为和阳平调调值相当的35，由曲折调变成高升调。如：永久、讲理。

（3）三个上声相连，一般根据词语的结构分成两类：

单音节＋双音节，也叫"单双格"。开头的音节读半上，调值变为211，后面的双音节按两个上声相连的规律变调，即前一个音节变为阳平，调值为 35。如：冷处理、小拇指。

双音节＋单音节，也叫"双单格"。开头、中间的音节调值变为 35。如：打靶场、水彩笔。

（二）"一"的变调

（1）"一"的原调是阴平，调值是 55。当"一"单读或位于语句末，不受后续音节影响时，读原调。当"一"作为序数，如：第一、一楼（指"第一层楼"）、一连（指"第一连"）时，不变调仍读 55，但当"一"表示"全部"的意思时，如"一楼"指的是整个一栋楼，"一连"指的是全连时，"一"要变为去声。

（2）"一"在去声音节前，调值变为 35。如：一半、一个。

（3）"一"在非去声音节（阴平、阳平、上声）前面，调值为 51。如：一只、一回、一把。

（4）"一"夹在重叠式的动词中间要轻读。如：等一等、看一看。

（三）"不"的变调

（1）"不"的原调是去声，调值是 51。当"不"单读或处在语句末尾，不受后续音节影响时，或在非去声音节（阴平、阳平、上声）前面，读原调。如：不、我不、不吃、不拿、不走。

（2）"不"在去声音节前面，调值变为 35，。如：不错、不测。

（3）"不"夹在动词或形容词中间，要轻读。如：穿不穿、看不看。

（4）"不"夹在动词和补语之间，要轻读。如：起不来、走不动。

二、轻声

轻声指在词语、句子中有的音节丢失了原有的调值，变成在听感上显得轻短且有些模糊的调。轻声是由普通话的四个声调变化而来的，因为轻声的调值不取决于这个音节原有的声调，而是根据前一个音节声调的调值来决定的，因此轻声是一种特殊的变调，不能成为一个独立的调类，也不标调号。

（一）轻声的调值

轻声音节的调值有两种形式：

（1）当前面一个音节的声调是阴平、阳平、去声的时候，后面的轻声音节变成短促的低降调，调值为31。如：桌子、来了、豆腐。

（2）当前面一个音节的声调是上声时，后面的轻声变成短促的半高平调，调值大致为44。如：椅子、喇叭。

（二）轻声的作用

（1）轻声由于其轻和短，听感上就显得自然、柔和，轻声也有助于普通话语流的高低、轻重、长短的节奏变化。

（2）轻声有区别词性和词义的作用。如：

东西

东西都有出口。读本调是名词，意思是指"东边和西边"。

这人不是个好东西。读轻声也是名词，但意思是指"人"。

大意

做事情要小心，不能大意。读轻声是形容词，意思是"疏忽"。

这篇文章的大意是清楚的。读本调是名词，意思指"主要的意思"。

（三）读轻声的音节

（1）下面情况下的音节一般读轻声：

①叠音或重叠式的名词、动词，后一音节一般读轻声。如：哥哥、姐姐、星星、看看、说说。

②名词或代词的后缀"头""子"和"们"一般读轻声。如：石头、骨头、念头、兆头、包子、椅子、胆子、盘子、我们、咱们、朋友们，但孝子、长子、男子、公子、逆子、原子、量子、光子、孢子、砖头、烟头等不读轻声。

③名词、代词之后表方位的词通常读轻声。如：桌上、墙上、地

下、心里、屋里、东边、上边、里面、前头、外头等。

④结构助词"的、地、得",一般读轻声。如:吃的、玩的、努力地学、好好地做、说得好、讲得深刻。

⑤动态助词"着、了、过",一般读轻声。如:走着、看着、来了、说了、去过、讲过。

⑥语气词"啊、吧、呢、啦、嘛"等,一般读轻声。 如:走啊、来吧、他呢、完啦、好嘛。

⑦动词、形容词后面的一些表示趋向的词"来、去、得"等,一般读轻声。如:拿来、出去、看得出、说不出、冷下去、热起来。

⑧量词"个"常读轻声。如:三个、五个、这个、那个。

(2)在普通话中,还有一些词语的最后一个音节习惯上要读轻声。如:巴掌、掺和、灯笼、玻璃、朋友。这些轻声词语并没有什么规律可循,只有在日常的语音实践中勤查字典、词典,多体会,多积累。也可参考普通话水平测试常用轻声词汇表学习和使用。

(四)轻声中存在的一些问题

(1)轻声读得过长、过重。轻声的特点是又轻又短,但读的时候明显听得出音被拉长了,或发声仍比较重,这样的轻声就是错误的。

(2)轻声的调值不对。阴平、阳平、去声后面的轻声的调值不是短促的低降调31;上声后面的轻声的调值不是半高平调的44。

(3)由于四川方言区少有轻声,一些四川方言区的人,在学习普通话时并不知道轻声在普通话中的作用,往往不重视轻声,该读的轻声也不读,这会导致说出来的普通话比较生硬,缺少节奏感。这种情况在普通话等级测试中也不少见,尤其是在朗读和说话两个环节,极大地影响了测试成绩。

三、儿化

普通话的儿化现象主要是由词尾"儿"变化而来。词尾"儿"(er)

本是个单韵母，可以自成音节，但当"儿"与前面的音节连读时产生了音变，失去了独立性，被化到前一个音节上，两个音节融合成一个音节，此时的"儿"已不能当一个单独的音节来读，只是保持一个卷舌动作，使这个音节的韵母在发音时带上了卷舌音的色彩，也使这个音节里的韵母或多或少地发生了变化，这种语音现象就是"儿化"。经儿化而成的韵母，叫"儿化韵"。儿化韵的汉字书写形式是"儿"，在拼音中是在音节的末尾加上一个"r"来表示。

（一）儿化的音变规律

（1）韵母末尾的音素是 a、o、e、ê、u 时，直接在其后加 r 卷舌。如：开花儿 huār、下坡儿 pōr、方格儿 gér、台阶儿 jiēr、打球儿 qiúr。

（2）韵母末尾的音素是 i 时，因其开口度小，舌位高且靠前，不适合卷舌，将其丢掉，在主要元音处卷舌。如：小孩儿 hár、一块儿 kuàr、刀背儿 bèr、土堆儿 dūr、滋味儿 uèr。

（3）韵母末尾的音素是鼻辅音 n，而 n 不适合卷舌，将其丢掉，在主要元音处卷舌。如：竹竿儿 gār、快点儿 diǎr、小本儿 běr、皱纹儿 uěr。

（4）韵母是 in、ün 的，丢掉韵尾 n，剩下的 i、ü 是韵腹，不适合儿化，又无法丢掉，就在其后面加上 er。如：官印儿 yìr、使劲儿 jìr、合群儿 qúr、花裙儿 qúr。

（5）韵母末尾的音素是 i、ü，不适合卷舌，但又是韵腹，无法丢掉，儿化时在 i、ü 后面加上 er。如：眼皮儿 pír、老底儿 dǐr、玩意儿 yìr、有趣儿 qùr、小曲儿 qǔr。

（6）韵母是舌尖前元音-i[ɿ]和舌尖后元音-i[ʅ]，因口腔开度小，舌尖位置高，不适合卷舌，儿化时将其变作 er。如：瓜子儿 zǐr、毛刺儿 cìr、大侄儿 zhír、没事儿 shìr。

（7）韵母末尾的音素是鼻辅音 ng，不适合卷舌，将其丢掉，但主要元音仍要在鼻化的基础上卷舌。如：帮忙儿 mángr、药方儿 fāngr、板凳儿 dèngr、抽空儿 kòngr。

如果 ng 丢掉后剩下的韵腹仍妨碍卷舌，就再加一个鼻化的 er。如：

打鸣儿 míngr、花瓶儿 píngr、人影儿 yǐngr、眼镜儿 jìngr。

（二）四川方言区儿化韵的一些问题

（1）有时会将儿化韵中卷舌的元音变成央ə再卷舌。由此ar、iar、uar、üar 被读成了 [ər]、[iər]、[uər]、[üər]。如小孩儿、上班儿、心眼儿、拔尖儿、好玩儿、茶馆儿、手绢儿、人缘儿；or、uor 被读成了 [uər]，如：围脖儿、大伙儿、干活儿。

（2）普通话韵母ao、iao 在儿化时，要求从主要元音a向 o（实际读音是[u]）的滑动过程中，全程都要有卷舌动作，但在四川方言中，有时会丢掉[u]，然后将主要元音[a]变成[ə]再卷舌，结果[aor]变成了 [ər]，iaor 变成了 [iər]。如：灯泡儿、红包儿、面条儿、火苗儿；同样的情况在韵母 ou、iou 的儿化过程中也会出现，结果 our 变成了 [ər]，iour 变成了 [iər]。如：年头儿、纽扣儿、顶牛儿、棉球儿。

（3）有时会在儿化韵 ur 中 u 的后面加个[ə]音再卷舌，结果 ur 就变成了[uər]。如：爆肚儿、小猪儿。

（4）后鼻韵母儿化时，韵尾 ng要丢失，但主要元音要鼻化，在一些地方这种"鼻化音色彩"却没有体现出来。如：蛋黄儿、透亮儿、八成儿、麻绳儿、门洞儿。

（5）在四川方言中有许多叠音名词要儿化，而在普通话中，这些词却是单音节儿化。如：片片儿、棍棍儿、刀刀儿、皮皮儿、盖盖儿、边边儿。

（6）在四川方言中读儿化，而在普通话中并不读儿化。如：苍蝇儿、蚊蚊儿、蚂蚁儿、豌豆儿、麻雀儿、电灯儿、娃娃儿、舌头儿、女儿（nǔr)、豆豆儿、肠肠儿。

（7）卷舌不充分，这个问题在四川方言区较为普遍。主要原因：一是卷舌时口腔的开口度不够，口腔打不开，舌头就很难卷到位，这在川西、川北地区尤为突出，因此卷舌时一定要充分打开口腔，让舌头能充分自如地卷起来；二是有些人卷舌的力度不够，甚至只是舌尖上翘，自然难以达到卷舌的效果。

四、语气词"啊"的音变

语气词"啊"的本音是读"a"，但当"啊"处在句中的停顿处，或是处在句末时，由于受到前一个音节末尾的一个音素的影响，发生了音变的现象。这种音变会使语气词"啊"与前一个音节的衔接更为紧密、自然、流畅。

语气词"啊"的音变规律是：

（1）当前一个音节的末尾音素是a、o(不包括ao、iao)、e、ê、i、ü 时，"啊"读作 ya，汉字可以相应地写成"呀"。如：就是他呀！多漂亮的车呀！ 好大的雪呀！ 好雨呀！

（2）当前一个音节的末尾一个音素是u（包括ao iao，因为ao 和 iao 最后一个音素的实际发音是 u）时，"啊"读作"wa"，汉字可以相应地写成"哇"。如：实在停不住哇！跳得真高哇！尽情地笑哇！

（3）前一个音节的末尾一个音素是 n 时，"啊"读作"na"，汉字可以相应地写成"哪"。如：要正视困难哪！这花多鲜艳哪！

（4）前一个音节的末尾一个音素是 ng时，"啊"读作"nga"，汉字仍写成"啊"。如：大家尽情地唱啊！ 逃避可不行啊！

（5）前一个音节的末尾一个音素是舌尖前元音-i 时，"啊"读作 za，汉字仍写成"啊"。如：这孩子啊！ 要写好字啊！

（6）前一个音节的末尾一个音素是舌尖后元音-i，"啊"读作"ra"，汉字仍写成"啊"。如：这是怎么回事啊！ 这苹果真好吃啊！

其实对于"啊"的音变规律，并不一定要去死记规则，除了末尾的音素是a、o、e 时需要注意按规则变音，其余的也可以在读前一个音节的时候，将该音节末尾的一个音素顺势与后面的"a"拼到一起，自然就会读出"a"的变音来。

五、普通话音变的练习

（一）变调练习

1.上升变调的练习

上声＋阴平

保温　北方　打针　产生　表彰　补贴　导师　礼花
奖金　简单　老师　女生　雨衣　海风　苦心　始终

上声＋阳平

表达　草原　等级　可能　朗读　解决　考察　整容
赏罚　火苗　主持　语文　水平　领结　凛然　举行

上声＋去声

百货　稿件　法律　反对　马术　讨论　土地　请假
鼓励　典范　访问　紧凑　警告　宝贵　忍耐　影视

上声＋轻声

本钱　耳朵　姐姐　你们　老实　马虎　底下　喇叭
眼睛　稳当　谷子　口袋　晚上　小气　喜欢　影子

上声＋上声

场所　导演　美好　理想　稿纸　火种　古典　永远
索取　尽管　远景　反省　冷水　酩酊　广场　讲解

三个上声相连

单音节＋双音节

耍笔杆　很友好　纸老虎　撒火种　炒米粉

双音节＋单音节

管理组　展览馆　选举法　洗脸水　手写体

2.“一”的变调练习

（1）“一”在去声音节前面：

一半　一个　一件　一切　一旦　一度　一贯　一律

一定　一下　一段　一例　一向　一并　一路　一应
（2）"一"在非去声音节前面：
一颗　一心　一只　一般　一天　一回　一行　一时
一同　一直　一早　一准　一览　一统　一手　一体
（3）"一"夹在重叠式的动词中间：
等一等　看一看　想一想　写一写　学一学　走一走

3. "不"的变调练习

（1）"不"在去声音节前面：
不便　不错　不测　不屑　不去　不要　不锈　不料
不适　不尽　不怕　不妙　不济　不碰　不肖　不见
（2）"不"在非去声音节前面：
不禁　不甘　不吃　不公　不安　不行　不能　不赢
不乏　不停　不走　不想　不仅　不许　不爽　不朽
（3）"不"夹在动词或形容词中间：
买不买　好不好　难不难　红不红　要不要　讲不讲
（4）"不"夹在动词和补语之间：
打不开　看不见　拿不动　提不起　叫不醒　惹不起

（二）轻声词练习

阴平+轻声
胳膊　哆嗦　姑娘　吃了　清楚　家伙　庄稼　差事
提防　答应　舒坦　身份　说和　招呼　亲戚　心思
阳平+轻声
房子　石头　赢了　粮食　萝卜　婆婆　红的　行李
随和　熟识　俗气　勤快　磨蹭　能耐　福分　行家
去声+轻声
相声　困难　骆驼　漂亮　栅栏　闹腾　逛荡　厚道
叫唤　密实　芥末　腻烦　素净　益处　气性　壮实
上声+轻声
椅子　喇叭　指头　软和　马虎　老实　脊梁　使唤

雅致　稳当　喜欢　讲究　搅和　倒腾　打扮　懂得

（三）儿化词练习

快板儿　够本儿　碎步儿　找茬儿　差点儿　走调儿
做活儿　够劲儿　旦角儿　鼻梁儿　掌勺儿　墨水儿
跑腿儿　送信儿　玩意儿　绕远儿　人影儿　小瓮儿

（四）语气词"啊"的音变练习

怎么还不开花呀！

这题真难做呀！

从不屈服，真是百折不回呀！

好大的雨呀！

这题真难哪！

开怀大笑哇！

要加把劲哪！

真是好孩子啊！

这可是好事啊！

这是一场激烈的竞争啊！

这样消沉不行啊！

没有什么不可能啊！

尽情地唱啊！跳哇！

附1：普通话水平测试轻声词语表

a　爱人　案子

b　巴掌　把（bǎ）子　把（bà）子　爸爸　白净　班子　板子　帮
手　梆子　膀子　棒槌　棒子　包袱　包涵　包子　豹子
杯子　被子　本事　本子　鼻子　比方　鞭子　扁担　辫子
别扭　饼子　拨弄　脖子　簸箕　补丁　不由得　不在乎
步子　部分

c　裁缝　财主　苍蝇　差事　柴火　肠子　厂子　场子　车子
称呼　池子　尺子　虫子　绸子　除了　锄头　畜生　窗户

窗子　锤子　刺猬　凑合　村子

d　耷拉　答应　打扮　打点　打发　打量　打算　打听　大方
大爷　大夫　带子　袋子　耽搁　耽误　单子　胆子　担子
刀子　道士　稻子　灯笼　提防　笛子　底子　地道　弟弟
弟兄　点心　调子　钉子　东家　东西　动静　动弹　豆腐
豆子　嘟囔　肚子　肚（dǔ）子　缎子　对付　对头　队伍
多么

e　蛾子　儿子　耳朵

f　贩子　房子　份子　风筝　疯子　福气　斧子

g　盖子　甘蔗　杆子　干事　杠子　高粱　膏药　稿子　告诉
疙瘩　哥哥　胳膊　鸽子　格子　个子　根子　跟头　工夫
弓子　公公　功夫　钩子　姑姑　姑娘　谷子　骨头　故事
寡妇　褂子　怪物　关系　官司　罐头　罐子　规矩　闺女
鬼子　柜子　棍子　锅子　果子

h　蛤蟆　孩子　含糊　汉子　行当　合同　和尚　核桃　盒子
红火　猴子　后头　厚道　狐狸　胡琴　糊涂　皇上　幌子
胡萝卜　活泼　火候　伙计　护士

j　机灵　脊梁　记号　记性　夹子　家伙　架势　架子　嫁妆
尖子　茧子　剪子　见识　毽子　将就　交情　饺子　叫唤
轿子　结实　街坊　姐夫　姐姐　戒指　金子　精神　镜子
舅舅　橘子　句子　卷子

k　咳嗽　客气　空子　口袋　口子　扣子　窟窿　裤子　快活
筷子　框子　困难　阔气

l　喇叭　喇嘛　篮子　懒得　浪头　老婆　老实　老太太　老
头子　老爷　老子　姥姥　累赘　篱笆　里头　力气　厉害
利落　利索　例子　栗子　痢疾　连累　帘子　凉快　粮食
两口子　料子　林子　翎子　溜达　聋子　笼子　炉子　路
子　轮子　萝卜　骡子　骆驼

m　妈妈　麻烦　麻利　麻子　马虎　码头　买卖　麦子　馒头
忙活　冒失　帽子　眉毛　媒人　妹妹　门道　眯缝　迷糊

	面子	苗条	苗头	名堂	名字	明白	蘑菇	模糊	木匠
	木头							
n	那么	奶奶	难为	脑袋	脑子	能耐	你们	念叨	念头
	娘家	镊子	奴才	女婿	暖和	疟疾			
p	拍子	牌楼	牌子	盘算	盘子	胖子	狍子	盆子	朋友
	棚子	脾气	皮子	痞子	屁股	片子	便宜	骗子	票子
	漂亮	瓶子	婆家	婆婆	铺盖				
q	欺负	旗子	前头	钳子	茄子	亲戚	勤快	清楚	亲家
	曲子	圈子	拳头	裙子					
r	热闹	人家	人们	认识	日子	褥子			
s	塞子	嗓子	嫂子	扫帚	沙子	傻子	扇子	商量	上司
	上头	烧饼	勺子	少爷	哨子	舌头	身子	什么	婶子
	生意	牲口	绳子	师傅	师父	虱子	狮子	石匠	石榴
	石头	时候	实在	拾掇	使唤	世故	似的	事情	柿子
	收成	收拾	首饰	叔叔	梳子	舒服	舒坦	疏忽	爽快
	思量	算计	岁数	孙子					
t	他们	它们	她们	台子	太太	摊子	坛子	毯子	桃子
	特务	梯子	蹄子	挑剔	挑子	条子	跳蚤	铁匠	亭子
	头发	头子	兔子	妥当	唾沫				
w	挖苦	娃娃	袜子	晚上	尾巴	委屈	为了	位置	位子
	蚊子	稳当	我们	屋子					
x	稀罕	席子	媳妇	喜欢	瞎子	匣子	下巴	吓唬	先生
	乡下	箱子	相声	消息	小伙子	小气	小子	笑话	谢谢
	心思	星星	猩猩	行李	性子	兄弟	休息	秀才
	秀气	袖子	靴子	学生	学问				
y	丫头	鸭子	衙门	哑巴	胭脂	烟筒	眼睛	燕子	秧歌
	养活	样子	吆喝	妖精	钥匙	椰子	爷爷	叶子	一辈子
	衣服	衣裳	椅子	意思	银子	影子	应酬	柚子
	冤枉	院子	月饼	月亮	云彩	运气			
z	在乎	咱们	早上	怎么	扎实	眨巴	栅栏	宅子	寨子

张罗　丈夫　帐篷　丈人　帐子　招呼　招牌　折腾　这个
这么　枕头　镇子　芝麻　知识　侄子　指甲（zhǐjia）　指
头（zhǐtou）　种子　珠子　竹子　主意　主子　柱子　爪
子　转悠　庄稼　庄子　壮实　状元　锥子　桌子　字号
自在　粽子　祖宗　嘴巴　作坊　琢磨

附2：普通话水平测试用儿化词语表

a——刀把儿　号码儿　戏法儿　在哪儿　找茬儿　打杂儿　板
　　　擦儿

ai——名牌儿　鞋带儿　壶盖儿　小孩儿　加塞儿

an——快板儿　老伴儿　蒜瓣儿　脸盘儿　脸蛋儿　收摊儿　栅
　　　栏儿　包干儿　笔杆儿　门槛儿

ang——药方儿　赶趟儿　香肠儿　瓜瓤儿

ia——掉价儿　一下儿　豆芽儿

ian——小辫儿　照片儿　扇面儿　差点儿　一点儿　雨点儿
　　　聊天儿　拉链儿　冒尖儿　坎肩儿　牙签儿　露馅儿
　　　心眼儿

iang——鼻梁儿　透亮儿　花样儿

ua——脑瓜儿　大褂儿　麻花儿　笑话儿　牙刷儿

uai——一块儿

uan——茶馆儿　饭馆儿　火罐儿　落款儿　打转儿　拐弯儿
　　　好玩儿　大腕儿

uang——蛋黄儿　打晃儿　天窗儿

üan——烟卷儿　手绢儿　出圈儿　包圆儿　人缘儿　绕远儿
　　　杂院儿

ei——刀背儿　摸黑儿

en——老本儿　花盆儿　嗓门儿　把门儿　哥们儿　纳闷儿　后
　　　跟儿　别针儿　高跟鞋儿　一阵儿　走神儿　大婶儿
　　　小人书儿　杏仁儿　刀刃儿

eng——钢镚儿　夹缝儿　脖颈儿　提成儿

ie——半截儿　小鞋儿

üe——旦角儿　主角儿

ui——跑腿儿　一会儿　耳垂儿　墨水儿　围嘴儿　走味儿

un——打盹儿　胖墩儿　砂轮儿　冰棍儿　没准儿　开春儿

ueng——小瓮儿

i——瓜子儿　石子儿　没词儿　挑刺儿　墨汁儿　锯齿儿　记
事儿　针鼻儿　鞋底儿　肚脐儿　玩意儿

in——有劲儿　送信儿　脚印儿

ing——花瓶儿　打鸣儿　图钉儿　门铃儿　眼镜儿　蛋青儿
火星儿　人影儿

ü——毛驴儿　小曲儿　痰盂儿

ün——合群儿

e——模特儿　逗乐儿　唱歌儿　挨个儿　打嗝儿　饭盒儿　在
这儿

u——碎步儿　没谱儿　儿媳妇儿　梨核儿　泪珠儿　有数儿

ong——果冻儿　门洞儿　胡同儿　抽空儿　酒盅儿　小葱儿

iong——小熊儿

ao——红包儿　灯泡儿　半道儿　手套儿　跳高儿　叫好儿　口
罩儿　绝着儿　口哨儿　蜜枣儿

iao——鱼漂儿　火苗儿　跑调儿　面条儿　豆角儿　开窍儿

ou——衣兜儿　老头儿　年头儿　小偷儿　门口儿　纽扣儿　线
轴儿　小丑儿　加油儿

iou——顶牛儿　抓阄儿　棉球儿

uo——火锅儿　做活儿　大伙儿　邮戳儿　小说儿　被窝儿

o——耳膜儿　粉末儿

第七章　普通话的语调

语调是人们在朗读或者说话的过程中形成的。语调主要由音的高低、快慢、长短、停顿以及轻重等变化构成。语调的主要作用是借助语音形式表达文字的内容和意义。本章主要涉及的是，在四川方言中，对说普通话语调影响较大的声调及词语的轻重音格式问题。因为声调和词语的轻重音格式，既是体现普通话整体面貌和水平的重要指征，也是普通话等级测试重要的评分依据，还是四川方言区居民对学习普通话往往不大重视，甚至容易忽略（尤其是词语的轻重音格式）的问题。

一、语调中音的高低问题

（一）语调的几种类型

语调是通过句子体现出来的，从这个意义上讲，语调又可以称为句调。句子的高低升降通常会被分成四种类型。

1. 升调

句子开始的时候低，到了句尾明显升高上扬。常用于疑问、反问、惊异、鼓动等类型的句子。如：

他来了吗？（疑问）

难道我还不成熟吗？（反问）

原来是他呀！（惊异）

大家努力呀！（鼓动）

2. 降调

句子开始的时候高，到了句尾明显降低。常用于陈述、感叹、祈使等类型的句子。如：

你说的是对的。（陈述）

做成一件事真的不容易呀！（感叹）

请你不要再说了。（祈使）

3. 平调

句子的音高变化不明显，一直处在较平稳的状态。常用于叙述、思索、回忆或表达严肃、庄重的意义。如：

十二年前那个初春的早上。（叙述、回忆）

那些为国捐躯的勇士们将永垂不朽！（严肃）

他郑重地接过了烈士的遗物。（庄重）

4. 曲折调

调子曲折变化。常用于幽默、讽刺、不满等一类句子或语气。如：

你看他那德行！（讽刺、不满）

他真有那么大的能耐，行了吧！（讽刺）

（二）声调和语调的关系

声调是字调，一个字（也可以说是一个音节）一个声调。语调是句调，但句子也是由一个一个的音节组成的。如果声调不准，四声的声调系统不统一、不稳定，就会直接影响到普通话语调的准确性，造成"跑调"，出现带有四川方言色彩的语调或不伦不类的怪腔怪调。这样的普通话自然不标准、不地道。

句调更侧重于意义的表达，而声调则主要关乎普通话语调的正确与否，二者都不可或缺。因此学习普通话一定要重视声调的准确性，在形成语流时，不仅要读准每一个音节的声调，还要注意阴平、阳平、上声、去声四个声调作为一个完整的声调系统的统一性和稳定性，以及普通话中各种音变现象导致的声调变化，这样才能使普通话说得更标准。

二、语调中的重音问题

（一）语句重音

语句重音指的是语句中有的词语要读得重一些，听感上更清晰有力。重音在听感上起到了突出和强调的作用，可以帮助听者更好地把握句子的结构，领会句子的意义。语句重音一般可以分为两种情况。

1. 语法重音

语法重音指的是句子中的某些成分通常要重读。

（1）语句中的谓语一般要重读。如：

他的腰终于挺直了。

他开心地笑了。

（2）靠中心词最近的定语往往重读。如：

谁的书丢了？

这是一片绿色的、开阔的草原。

（3）动词形容词前面的状语常常重读。如：

要努力地学好普通话。

这么红的苹果。

（4）表示程度的补语常常重读。如：

这话说得太好了。

你的建议好极了。

2. 逻辑重音

逻辑重音指的是句子中某些需要突出或强调的词语要重读。同样一句话，重音不同，意义也会有所不同。如：

小王会唱歌。（不是别人）

小王会唱歌。（不是不会）

小王会唱歌。（不是听歌）

小王会唱歌。（不是会唱戏）

（二）词语的轻重音格式

词语的轻重音格式中的"重"，指的是词语中的一些音节要读得略重一些，略长一些，听感上更清晰强烈些。"轻"可以大致分为两种情况：一种是轻声词语中的"轻"，要求读得又轻又短，听感上有些模糊；另一种是"轻读"。但这种轻读不是轻声，"轻读"相比较于重读，要读得更轻、更短一些，但没有到轻声的程度。

1. 普通话词语的轻重音格式

普通话词语的轻重音格式可分为双音节、三音节、四音节几种情况。三音节词语的轻重音格式大都为"中—次轻—重"格式。如：普通话、手写体、跑龙套。四音节词语的轻重音格式大都为"中—次轻—中—重"格式。如：举足轻重、光荣岁月、奋发图强。

双音节词语的轻重音格式一般分为两种：一种是"中—重"格式，后面一个音节重读。双音节词语占普通话词语的大多数，其中多数又是"中—重"格式。如：说话、音节、走路。另一种是"重—轻"格式，这也是轻声词语的格式。一般说来，轻声词前面的音节要重读，后面的轻声要读得轻短，且有相应的音变。如：园子、本事、交情。

在普通话中，词语的轻重音格式也是很重要的。准确地把握词语的轻重音格式，会使普通话听起来更自然流畅，更富有高低、轻重、快慢的节奏变化，也会使其更具有表现力。不能很好地把握词语的轻重音格式，就不能说出标准、地道的普通话。

2. 四川方言的轻重音格式与普通话轻重音格式的比较

四川方言中词语的轻重音格式与普通话中的差异很大。从三音节、四音节的词语看，四川方言一般都是前面的音节要重读，而后面的音节要读得轻些。双音节词语大都是"重—中"格式。这刚好与普通话相反。

　　至于轻声，在四川方言中是很少的，许多在普通话中要读轻声的词语，在四川方言中却并不读轻声。如：扳手、报酬、扁担、凑合、别扭、称呼、豆腐、官司、行家、交情、懒得、漂亮、黄瓜、码头等。

　　四川方言词语的轻重音格式，用四川方言表达，似乎并没有什么不妥，但用到普通话的表达上，就会使普通话的语流在听感上显得别扭、生硬、不够自然流畅，也缺少节奏上的变化。而且四川方言词语的轻重音格式也是四川方言色彩的一个重要表现，即使你的声母、韵母都读得正确，声调也准确，但轻重音格式不对，你说的就还是"川味"普通话。因此学习普通话要严格按照普通话词语的轻重音格式去练习，该读的轻声也一定要读出来。

（三）词语练习

1. 按普通话双音节词语的轻重音格式读下面的词语

推敲　昂扬　好感　聆听　清泉　悠远　珍重　达观
联想　信息　明月　写真　指南　报纸　夜莺　赞赏

2. 按普通话三音节词语的轻重音格式读下面的词语

过马路　闯江湖　打乒乓　蓝宝石　展览馆　高姿态
齐步走　文学院　办公室　播音员　计算机　荧光灯

3. 按普通话四音节词语的轻重音格式读下面的词语

陈词滥调　破釜沉舟　喧宾夺主　不可思议　矫揉造作
枉费心机　再接再厉　富丽堂皇　面面俱到　始终不渝

第八章 普通话的词汇和语法

第一节 四川方言词语和普通话词语对照

【说明】

（1）此处所列出的是四川话和普通话有不同说法的常用词语。在四川话和普通话中相同的词语和词的义项一般不列入对照表。

（2）为了便于四川常用人群查用，我们以四川方言词语为词目，以成都口音为代表语音，按照汉语英文字母的顺序（A、B、C……）进行排列。韵母的排列顺序将仿照《现代汉语词典》的体例。汉语拼音字母中没有的音素如舌面鼻音，用国际音标[ɳ]标注。n、ng词语一般不标音，但个别读者无法辨认的有音无字的音节或生僻的、自造的方言字以成都语音为代表，用汉语拼音标注，汉语拼音无法表明其音值的，用国际音标（外加方括弧 [ ]）标注。音标符号右上角的1、2、3、4分别代表阴平、阳平、上声、去声四种声调。有的多调字，则在汉字后注明其声调。为了便于读者正音，普通话词语全部注音。释义性的义项不注音。

（3）词汇对照一般不使用举例的方式。个别读者不太容易理解的词语义项，可加简单例句。

（4）四川各地的方言词语非常丰富，内部也有不少差异。这里收录的是常用的、使用范围较广的方言词语。仅在个别地区使用的，这里没有收录。

（5）音节相同的方言词，按汉字笔画多少定其排列顺序。笔画少的汉字排在前面，笔划多的排在后面。

（6）可儿化可不儿化的词语，在词语末用（儿）表示。

（7）通常有多种写法的方言字，选取最常用的一种作词目。另外常见的写法用圆括号括住，列在后面。

（8）"一、七、八、不"等字，在不同的语境中变成不同的声调。按汉语拼音规则，应标注单字调，不标变调。我们为了方便读者掌握实际读音，特标注变调，不标原调。"一、七、八、不"的单字调是 yī、qī、bā、bù。

巴：①粘 zhān、贴 tiē；②抓 zhuā、扶 fú；③切合 qièhé（巴题）；④顺 shùn、沿 yán（巴倒墙走；巴倒河边走）；⑤巴结 bājie；⑥传染 chuánrǎn。

巴壁虎（儿）：壁虎 bìhǔ。

巴肉：贴身 tiēshēn。

巴适：①合适 héshì、得体 détǐ；②妥帖 tuǒtiē；③好 hǎo；④漂亮 piàoliang；⑤舒服 shūfu。

巴味：入味 rùwèi。

巴幸不得：巴不得 bābude。

八方：到处 dàochù。

把据：凭据 píngjù。

粑粑：面粉或玉米做成的饼状食物。

把把：把儿 bàr。

般配：相称 xiāngchèn。

斑斑：斑点 bāndiǎn。

搬牙巴劲：争吵 zhēngchǎo。

板板：板子 bǎnzi。

半边：旁边 pángbiān。

蚌壳儿：蚌 bàng。

棒客、棒老二：土匪 tǔfěi。

巴单：被单 bèidān。

包谷：玉米 yùmǐ。

摆：①说 shuō、谈 tán；②有意制造（矛盾或事故）。

摆龙门阵：闲聊 xiánliáo。

摆尾子：鱼 yú。

拜生：祝寿 zhùshòu。

包定：必定 bìdìng。

宝器：傻瓜 shǎguā。

抱：过继 guòjì。

暴打暴：①突然 tūrán；②偶尔 ǒu’ěr。

白白生生：白白净净 báibáijìngjìng。

杯杯：杯子 bēizi。

背时：倒霉 dǎoméi。

壁头：墙壁 qiángbì。

编白：扯谎 chěhuǎng。

嫑：不要 búyào。

别个：别人 biéren。

冰口：裂口 lièkǒu。

不得：不会 búhuì。

不好：生病 shēngbìng。

不消：不需要 bùxūyào、不必 búbì。

擦黑：傍晚 bàngwǎn。

茶瓶：热水瓶 rèshuǐpíng。

才将：刚才 gāngcái。

场：集市 jíshì、集镇 jízhèn。

场口：场面 chǎngmiàn。

敞：公开 gōngkāi。

草草：草 cǎo。

沉沉：沉渣 chénzhā。

吃碰、吃冷碰：碰钉子 pèng dīngzi。

吃通：吃得开 chīdekāi。

磋磨：折磨 zhémo。

车：转 zhuǎn。

扯风：抽风 chōufeng。

扯乱谈：吹牛 chuīniú。

扯歪风：偏题 piāntí。

伸唤：呻吟 shēnyín。

凑和：支持 zhīchí、帮助 bāngzhù。

出得众：大方 dàfang。

出行、出姓：改嫁 gǎijià。

厨倌司：厨师 chúshī。

杵：挨近 āijìn。

出脱：丢掉 diūdiào、断送 duànsòng。

充狠：逞能 chěngnéng。

从个的：怎么的 zěnme de。

虫虫（儿）：虫子 chóngzi。

重三倒四：重复 chóngfù。

冲祸：①告状 gàozhuàng；②挑拨 tiǎobō。

抽抽：抽屉 chōuti。

穿瞌睡：打瞌睡 dǎkēshuì。

穿夜：通宵 tōngxiāo。

揍：揍 zòu。

翠：鲜艳 xiānyàn。

搭：①顺带 shùndài；②载人 zàirén。

搭搭儿：辫子 biànzi。

搭钩：挂钩 guàgōu。

铲铲：铲子 chǎnzi。

搭火：生火 shēnghuǒ。

打波儿：接吻 jiēwěn。

打锤：打架 dǎjià。

打单身：独身 dúshēn。

打发：嫁 jià。

打脑壳：①费脑子 fèinǎozi；②伤脑筋 shāngnǎojīn。

打拗卦：抬杠 táigàng、作对 zuòduì。

打理扯：扯皮 chěpí。

打柳连柳：①一种民间娱乐形式；②闹别扭 nàobièniu。

打漂漂：①用片状物在水面上横打；②漂流 piāoliú；③流浪 liúlàng。

打燃火：①发作 fāzuò；②发火 fāhuǒ。

打山：打猎 dǎliè。

打闪：停歇（做事中途停顿）tíngxiē。

打闪闪：颤抖 chàndǒu、停歇 tíngxiē。

打上控：告状 gàozhuàng。

打失悔：后悔 hòuhuǐ。

打缩脚锤：退缩 tuìsuō。

打顿：停顿 tíngdùn。

打条：打主意 dǎzhǔyì。

打掉：交换 jiāohuàn、调换 diàohuàn。

打滑：滑 huá、腹泻 fùxiè。

打晃子：开小差 kāixiǎochāi。

打叽喳：嘀咕 digu。

打挤：拥挤 yōngjǐ。

打假叉：①作假 zuòjiǎ；②借故 jiègù。

打救：解救 jiějiù。

打梦冲、打梦脚：开小差 kāixiǎochāi（思想不集中，精力分散）

打磨旋：①犹豫徘徊 yóuyùpáihuái；②来回走 láihuízǒu。

打烂仗：潦倒 liáodǎo、落魄 luòpò。

打脱离：离婚 líhūn。

打头阵：领先行动 lǐngxiānxíngdòng、带头 dàitóu。

打抖：发抖 fādǒu。

打响声：打招呼 dázhāohu。

打眼：显眼 xiǎnyǎn。

打拥堂：拥挤 yōngjǐ。

打渔子：渔民 yúmín。

打张：理睬 lǐcǎi。

打早：一早 yìzǎo。

打整：①收拾 shōushi；②整理 zhěnglǐ；③整治·zhěngzhì；④对付 duìfu。

打总成：建议 jiànyì、推荐 tuījiàn、成全 chéngquán。

打转转：①转圈 zhuànquān；②盘算 pánsuàn。

大大概概：大概 dàgài。

大大套套：宽宽大大 kuānkuāndàdà。

大块、大貌：傲慢 àomàn。

大明其白:明确 míngquè。

大排大调：大方 dàfang。

大谱谱儿：大概 dàgài。

大气：大量 dàliàng。

大声垮气、大声武气：大声 dàshēng。

大天八亮、大天白亮：大白天 dàbáitiān。

大样：气派 qìpai。

逮：①抓 zhuā；②拽 zhuài。

逮猫儿：捉迷藏 zhuōmícáng。

歹毒：狠毒 hěndú。

歹人：①坏蛋 huàidàn；②坏人 huàirén；③强盗 qiángdào。

带协：连累 liánlei。

带账：负债 fùzhài。

单单：条子 tiáozi。

单吊：瘦弱 shòuruò。

单另：①另外 lìngwài；②重新 chóngxīn。

担怕：担心 dānxīn、恐怕 kǒngpà。

担担儿:担子 dànzi。

淡白：清淡 qīngdàn。

淡心淡肠、淡心冷肠：冷漠 lěngmò、冷淡 lěngdàn。

当门：面前 miànqián。

档头阵：同"打头阵"。

挡子：幕 mù。

凼凼：坑 kēng。

挡头：尽头 jìntóu。

蹬蹬（上声）儿：鞋后跟儿 xiéhòugēner。

顿：放 fàng。

凳凳（儿）：凳子 dèngzi。

丁丁儿：一丁点儿 yìdīngdiǎnr。

蹢脚：跺脚 duòjiǎo。

底底：①底儿 dǐr；②底细 dǐxi；③把握 bǎwò；④根据gēnjù。

底脚：下面 xiàmian。

抵穿：揭穿 jiēchuān。

抵拢：到 dào、到达 dàodá。

抵事：顶事儿 dǐngshìr。

地脚：地下 dìxià。

地头：①地点 dìdiǎn、地方 dìfāng；②地 dì。

地阵板：（木制的）地板 dìbǎn。

递点子：给暗号gěiànhào、使眼色 shǐyǎnsè。

蒂蒂（儿）：①瓜果等与枝茎连接的部分；②把儿 bàr。

颠颠（儿）、颠儿：顶端 dǐngduān、尖儿 jiānr。

颠东：糊涂 hútu。

颠转来说：反过来说 fǎnguolaishuō。

癫：疯 fēng。

点点：斑点 bāndiǎn、痕迹 hénjì。

端：直 zhí、正 zhèng、准 zhǔn、对 duì。

端端：一直 yìzhí。

短：①拦截 lánjié；②阻拦 zǔlán；

断根：（病）彻底治愈。

断公道：裁决（是非）cáijué。

断庄：脱销 tuōxiāo。

堆堆：①堆 duī；②个子 gèzi。

堆头：①体积 tǐjī；②个头儿 gètóur。

对：内斜视 nèixiéshì。

对对儿：对儿 duìr。

对头：①正确 zhèngquè；②对（表示赞成）duì。

对直：①直直地 zhízhíde；②直接 zhíjiē。

兑兑挪挪：凑凑合合 còucòuhéhé。

儿娃子：①男孩儿 nánháir；②儿子 érzi。

耳巴子：（打）耳光 ěrguāng。

耳矢：耳光 ěrguāng。

耳视：理睬 lǐcǎi。

耳子：黑木耳 hēimùěr。

二辈子：下辈子 xiàbèizi。

二天：以后 yǐhòu。

发：①（烟、火柴等）变质 biànzhì；②生（火）shēng。

发财：完（婉辞）wán。

发狠：用功 yònggōng。

发毛：发火儿 fāhuǒr、发怒 fānù。

发嗲、放嗲：撒娇 sājiāo。

发气：发脾气 fāpíqi。

翻：恶心 ěxin。

翻船：①垮台 kuǎtái；②闯祸 chuǎnghuò。

翻脚板：步行 bùxíng。

翻翘：翻倒 fāndǎo。

烦：（孩子）调皮 tiáopí。

烦躁躁：①烦躁 fánzào；②杂乱 záluàn、混乱 hùnluàn。

反转：反而 fǎnér。

饭蚊子：苍蝇 cāngying。

方脑壳：①（脑筋）死板 sǐbǎn；②头脑死板的人。

方向：着落 zhuóluò。

方子：①中药的处方、药单子；②办法 bànfǎ。

房圈：寝室 qǐnshì。

放：出嫁 chūjià。

放敞马：放任自流 fàngrènzìliú。

放伸：痛快 tòngkuai。

盖盖：盖儿gàir。

干：①干旱gānhàn；②净 jìng；③钱用完了。

干梆硬撑：生硬 shēngyìng。

干疮子：疥疮 jièchuāng。

干人：穷人 qióngrén。

干沙沙：干巴巴gānbābā。

甘贵：稀有 xīyǒu、宝贵 bǎoguì。

柑子：橘子 júzi。

竿竿：竿gān。

杆：支 zhī（笔、烟等）。

杆杆：杆儿gānr。

赶：①乘（车、船等）chéng；②扒 bā，拔（饭、菜）bō；③送（礼）sòng。

赶场：赶集gǎnjí。

赶逗奏：凑热闹 còurènao。

敢比：比 bǐ。

敢莫：莫非 mòfēi。

干仗：吵嘴 chǎozuǐ、打架 dǎjià。

间：相隔 xiānggé、隔开gékāi。

间壁：隔壁 gébì。

缸缸：缸gāng、缸子gāngzi。

杠：①（用杠子）抵（门）dǐ；②汉字中横、竖两种笔画。

杠杠：①（画的）直线 zhíxiàn；②规定guīdìng；③界线 jièxiàn。

赣：①（脾气）刚强gāngqiáng、固执gùzhì；②愣lèng。

高蹬脚（川西南）、高脚狮子（川东）；高跷gāoqiāo。

高头、高上：上面shàngmian。

搞到了：①弄到了nòngdàole；②得到了好处。

搞惯了：习惯了xíguànle。

搞快（点儿）：赶快gǎnkuài。

搞起：快点儿kuàidiǎnr。

搞头：①收益shōuyì；②好处hǎochu。

搞忘了：忘记了wàngjìle。

告（一下）：试（一下）shì。

告花儿：叫花子jiàohuāzi。

告口：（伤口）愈合yùhé。

疙疤儿：①（树的）节疤jiébā；②树枝的分杈处。

格格：格子gézi、空格kònggé。

隔壁户：邻居línjū。

根根：①根gēn；②事物的起源。

狗儿麻沙：乱七八糟luànqībāzāo。

够搞：①棘手jíshǒu；②要搞很长一段时间。

姑嬢儿：①姑娘gūniang；②女儿nǚ'er。

谷草：稻草dàocǎo。

谷桩：稻茬dàochá。

估：①估计gūjì；②强qiáng、逼bī；③猜cāi。

估逼、估倒：逼迫bīpò。

估奸：强奸qiángjiān。

鼓：①瞪dèng（眼睛鼓捣做啥子？）；②翻脸fānliǎn、生气shēngqì。

瓜：傻shǎ。

瓜宝：傻瓜shǎguā。

瓜瓜、瓜娃子、瓜娃儿：傻孩子shǎháizi、傻瓜shǎguā。

瓜眉瓜眼：傻乎乎shǎhūhū。

瓜稀稀：傻里瓜叽 shǎliguājī

刮、刮胡子：责骂 zémà、训斥 xùnchì。

刮毒：狠毒 hěndú。

剐：剥 bāo。

寡淡：很淡 hěndàn。

寡公子：单身汉 dānshēnhàn。

寡母子：寡妇 guǎfù。

寡是：只是 zhǐshì。

挂婆子：女巫 nǚwū。

挂表：怀表 huáibiǎo。

挂果：结出果实 jiēchūguǒshí。

褂褂儿：褂子 guàzi。

乖：漂亮 piàoliang、可爱 kě'ài。

怪：下流 xiàliú。

怪头怪脑：古里古怪 gǔligǔguài。

怪物：不正经或下流的人。

关顾：关心照顾 guānxīnzhàogù。

管管儿：管子 guǎnzi。

管钱：值钱 zhíqián。

罐罐儿：罐子 guànzi。

光膀膀儿：光着膀子。

光董董：光着身体。

哈浊浊：傻呵呵 shǎhēhē。

下下：每次 měicì。

下把下：一两次 yìliǎngcì。

嗨：大吃 dàchī。

鞋帮帮：鞋帮 xiébāng。

鞋底底、鞋底板儿：鞋底 xiédǐ。

鞋脚：鞋袜 xiéwà。

海子：湖 hú。

海椒：辣椒 làjiāo。

憨：傻 shǎ。

憨巴儿：傻瓜 shǎguā。

憨痴痴：傻乎乎 shǎhūhū。

憨胀、憨吃憨胀：傻吃傻胀 shǎchīshǎzhàng。

喊：叫 jiào、让 ràng。

喊黄：叫苦 jiàokǔ；报怨 bàoyuàn。

喊声：如果 rúguǒ。

柜柜：柜子 guìzi

汉仗：体型 tǐxíng。

汗衣：内衣 nèiyī。

行势：能干 nénggàn。

毫子儿：硬币 yìngbì。

豪杆：①篙 gāo；②筷子 kuàizi。

嚎丧：号哭 háokū。

好生：①好好地 hǎohǎode；②小心 xiǎoxī。

号：（旅店的）铺位 pūwèi。

耗子、耗儿：老鼠 lǎoshǔ。

黑啰：晚上 wǎnshang。

嘿起势：很用力 hěnyòngli、很使劲儿 hěnshǐ jìnger。

狠话：硬话 yìnghuà。

恨气：赌气 dǔqì、斗气 dòuqì。

呵嗨：哈欠 hāqiàn。

盒盒：盒子 hézi。

红苕：甘薯 gānshǔ。

红苕气、苕气：土气 tǔqì。

齁：喘 chuǎn、哮喘 xiàochuǎn。

齁包儿：患哮喘病的人 huànxiàochuǎnbìngderén。

猴：纠缠 jiūchán。

猴三儿、猴猴儿：猴子 hóuzi。

喉包：喉结 hóujié。

后头：①里面 lǐmiàn；②后面 hòumiàn。

吼：①大声叫 dāshēngjiào；②喝斥 hēchì。

后首：后来 hòulái。

厚皮菜：叶甜菜 yètiáncài。

划（hua）：①劈 pī；②切 qiē。

花菜：菜花儿 càihuār、花椰菜 huāyēcài。

滑刷：①光滑 guānghuá；②油滑 yóuhuá。

话把子、话头子：口头禅 kōutóuchán。

横坏：体围 tíwéi。

横顺：①反正 fǎnzheng；②无论如何 wúlùnrúhé。

荒货：废品 fèipǐn、破烂儿 pòlànr。

浑董董、浑浊浊：①浑浊 húnzhuó；②浑沉沉 húnchénchén。

昏浊浊：①昏沉沉 hūnchénchén；②昏暗 hūn'àn。

鸡公：公鸡 gōngjī。

鸡公车：木制独轮手推车 mùzhìdúlúnshǒutuīchē。

鸡摸眼：夜盲症 yèmángzhèng。

鸡婆：母鸡 mǔjī。

鸡娃儿、鸡儿：小鸡 xiǎojī。

鸡牲鹅鸭：家禽 jiāqín。

挤（阴平）：（紧）勒 lēi（挤紧）。

家公：外公 wàigōng。

家家、家婆：外婆 wàipó。

家门儿：本家 běnjiā。

家屋、家筵：家产 jiāchǎn。

枷：①驾（牲口）jià；②（给人）加担子、加任务。

夹：①吝啬 lìnsè；②怯生 qièshēng；③涩（嘴）sè；④（把房
间）隔开 gékāi。

夹夹：夹子 jiāzi。

夹口：涩嘴 sèzuǐ。

夹磨：（强制性的）艰苦磨练 jiānkǔmóliàn。

夹衫子：夹衣 jiáyī。

夹舌子、夹舌头儿：①大舌头 dàshétou；②口吃的人 kuchīderén。

夹啬子：吝啬的人 lìngsèderén。

捡相因：占便宜 zhànpiányi。

謇巴郎：①口吃的人 kǒuchīderén；②大舌头 dàshétou。

见不得：看不惯 kànbuguàn，看不顺眼 kànbushùnyǎn。

见啥：无论什么 wúlùnshénme。

贱皮子：贱骨头 jiàngǔtou。

渐次：渐渐 jiànjiàn。

将、将将：刚 gāng、恰好 qiàhǎo。

将后来：以后 yǐhòu、将来 jiānglái。

将就：①勉强可以 miǎnqiǎngkěyǐ；②迁就 qiānjiù、顺着 shùnzhe；③顺便 shùnbiàn。

将势就势：顺势 shùnshì、就势 jiùshì。

僵疤儿：疤 bā、疤拉 bāla。

讲比、假比：比如 bǐrú。

讲礼：①客气 kèqi；②讲究礼节 jiǎngjiulǐjíe。

犟：倔 juè、固执 gùzhi。

犟拐拐：①倔强 juéjiàng；②固执的人 gùzhìderén。

交：（用于动词后如吃、转等）遍 biàn、全 quán。

交票：交差 jiāochāi。

焦：（用于形容词苦、湿、咸等前面）很 hěn。

精灵：机灵 jīling。

筋骨人：瘦而结实健康的人 shòurjiēshijiànkāngderén。

紧：①老是 lǎoshì；②让 ràng。

紧倒：老是 lǎoshì、总是 zǒngshì。

颈项、颈子：脖子 bózi。

尽都：全都 quándōu。

劲仗：势头 shìtou。

揪：拧 nǐng、扭 niǔ。

酒谷：糯稻 nuòdào。

酒米：糯米 nuòmǐ。

橘柑：橘子 júzi。

卷（阴平）：（头发）弯曲 wānqū。

蜷（juan）：（身体或四肢）弯曲 wānqū。

卷：①骂 mà；②说人坏话。

诀：骂 mà。

菌子：蕈 xùn。

脚板儿：①脚 jiǎo；②脚掌 jiǎozhǎng。

脚肚子：腿肚子 tuǐdùzi。

脚杆：腿 tuǐ。

脚颈颈：脚脖子 jiǎobózi、脚腕子 jiǎowànzi。

脚脚：①（动物的）脚 jiǎo；②器物的腿或物体的最下部；③豆芽的根；④残渣 cánzhā；⑤（液体中的）沉淀 chéndiàn。

看笑神儿：看笑话。

炕：烤 kǎo。

亢阳：天气晴朗 tiānqìqínglǎng。

敲棒棒：敲竹杠 qiāozhúgàng。

靠实：实在 shízài、确实 quèshí。

克：刻苦读书 kèkǔdúshū、钻研 zuānyán。

磕膝头儿：膝盖 xīgài。

肯信：不相信 bùxiāngxìn。

搁：放 fàng。

壳壳、壳子：①壳儿 kér；②皮儿 pír；③封面 fēngmiàn。

壳子：闲聊的话 xiánliáodehuà。

瞌睡：睡眠 shuìmián。

颗颗：颗粒 kēlì。

搁到：①放下 fàngxià；②算了 suànle；③别说了、别干了 biégànle。

块块、块子：①块儿 kuàir；②块状 kuàizhuàng。

块头：（人或动物的）个头儿gètóur、个子gèzi。

快当：快 kuài。

款：①挡 dǎng、阻 zǔ；②扣留 kòuliú。

诓：哄 hǒng、逗 dòu（孩子）。

筐筐：筐 kuāng。

狂：嬉闹 xīnào、打闹 dǎnào。

亏：（严格地）管束guǎnshù。

抹：①擦 cā；②采 cǎi；③用手搓使颗粒脱落 yòngshǒucuōshǐkēlìtuōluò。

麻打果子、麻二果子、麻糖果子：含含糊糊 hánhanhúhu。

毛夹子：夹子 jiāzi、镊子 nièzi。

毛焦火辣：焦躁 jiāozào、不安 būān。

毛毛：毛 máo。

三教：鲁莽的人；粗心的人。

毛桃儿、毛桃子、毛头儿：①不懂人情世故，无工作、生活经验的年轻人；②不熟悉本行业务的人。

毛线衣：毛衣 máoyī。

卯：①闹矛盾 nàomáodùn；②闹翻 nàofān。

窍：窍门 qiàoménr。

冒靶：①说话出格 shuōhuàchūgé；②说话离题 shuōhuàlítí。

帽帽儿：帽子 màozi。

墨笔：毛笔 máobǐ。

墨盘儿：砚台 yàntai。

霉：倒霉 dǎoméi。

咪咪儿：很小的东西 hěnxiǎodedōngxī。

面衣：罩衣 zhàoyī。

苗苗：苗 miáo。

瞄：略看一下 luèkànyíxià。

庙子：庙 miào。

名儿堂：名堂 míngtang。

明砍：明说 míngshuō、挑明 tiǎomíng。

摸哥儿：扒手 páshǒu、小偷 xiǎotōu。

莫：①不要 búyào；②同"没"。

莫得、没得：没有 méiyǒu。

莫得样子：不像话 búxiànghuà。

莫来头：没关系 méiguānxi、没什么 méishénme。

没眼：没指望 méizhǐwang、没希望 méixīwàng。

磨皮擦痒：闲得无聊的样子 xiándéwúliáodeyàngzi。

拿脸：争了面子 zhēnglemiànzi。

哪哈儿：什么时候 shénmeshíhou。

哪年子：哪一年 nǎyìnián。

那哈儿、那阵子 nàzhènzi：那个时候 nàgèshíhou、那会儿 nàhuìr。

来得倒：来得了 láidéliǎo。

来往：左右 zuǒyòu。

篮篮：篮子 lánzi。

浪：溢出 yìchū。

浪子：波浪 bōlàng。

醪糟儿：米酒 mǐjiǔ。

老辈子：长辈 zhǎngbèi。

老打老实：老老实实 lǎolǎoshíshí。

老奸：老奸巨猾 lǎojiānjùhuá。

老坎：乡巴佬 xiāngbalǎo、土包子 tǔbāozi。

脑花儿：脑髓 nǎosuǐ。

嫩气：嫩 nèn。

第二节　四川方言词类和普通话词类比较

一、名词

在四川方言与普通话有差异的词中，名词占的比重较大。其中多数词的差异在词缀是否为"子、儿、巴、杆"等以及读音是不是轻声等方面。也有些名词，在四川方言中的说法和在普通话中完全不同。现将有差异的部分词列举如下。

（1）下面的名词，四川方言常带有词缀"子"，普通话里没有"子"。饼 bǐng，蚕 cán，葱 cōng，庙 miào，磨 mò，梨 lí，树 shù，虾 xiā，鞋 xié，烟 yān，羊 yáng，前年 qiánnián，麻雀 máquè。

（2）四川方言里有的名词有词缀"巴"，普通话里没有。如刺 cì，跰 jiǎn，牙 yá，盐 yán，嘴 zuǐ。四川话里的"肋巴""肋巴骨"，普通话说"肋骨"lèigǔ。

（3）四川话里有很多由叠音形式构成的名词，其中有部分词的第二个音节是儿化韵，普通话里除对亲属的称谓常用这种形式外（如：爸爸、妈妈、哥哥等），名词中的叠音词很少（常用的只有"太太、娃娃、星星"等）。四川话里的叠音式名词，在普通话里有以下几种形式：

①语素相同，但是单音节词。

②第一个音节语素相同，后面带"子"词缀。

③第一个音节语素相同，音节儿化。

④语素部分相同（不同的语素不是"子、儿"词缀）。

⑤语素完全不同。

下面列表进行对比：

四川话	普通话
疤疤	伤疤 shāngbā、疤拉 bālā、补丁 bǔdīng。
粑粑	饼 bǐng、糕点 gāodiǎn。

四川话	普通话
坝坝	平坦的露天场地 píngtǎndelùtiānchǎngdì。
板板	板子 bǎnzi
膀膀儿	胳臂 gēbo，膀子 bǎngzi
棒棒	棍子 gùnzi
宝宝	傻瓜 shǎguā
边边	边儿 biānr
本本儿	本子 běnzi
饼饼儿	饼 bǐng
叉叉	叉子 chāzi
肠肠儿	肠子 chángzi
敞敞	漏斗 lòudǒu
槽槽	槽 cáo，槽子 cáozi
草草	草 cǎo
车车	车 chē，车子 chēzi
沉沉（尘尘）	沉淀 chéndiàn
葱葱儿	葱 cōng
虫虫儿	虫 chóng
抽抽	抽屉 chōutì
穿穿儿	票贩子 piàofànzi
铲铲儿	铲子 chǎnzi
吹吹儿	哨子 shàozi
锤锤儿	钉锤儿 dīngchuír
担担儿	担子 dànzi
凼凼	水坑 shuǐkēng
刀刀儿	小刀儿 xiǎodāor
蹬蹬儿	鞋后跟儿 xiéhòugēnr
凳凳儿	凳子 dèngzi
底底	底子 dǐzi
颠颠儿	尖儿 jiānr

四川话	普通话
点点儿	点儿 diǎnr
吊吊	穗儿 suìr
碟碟儿	碟儿 diér
钉钉儿	钉子 dīngzi
顶顶	顶儿 dǐngr
洞洞儿	洞 dòng
箢箢	篮子 lánzi
豆豆儿	豆子 dòuzi
堆堆	堆 duī
对对儿	对儿 duìr
飞飞儿	纸条儿 zhítiáor
粉粉	粉末 fěnmò
风风儿	风闻 fēngwén
封封儿	红包 hóngbāo，赏金 shǎngjīn
缝缝儿	缝 fèng，缝隙 fèngxì
壶壶儿	小壶 xiǎohú
核核	核儿 hér
盖盖儿	盖儿 gàir
竿竿	竹竿儿 zhúgānr
杆杆儿	杆儿 gānr
缸缸	缸 gāng
格格	格子 gézi
根根儿	根 gēn
羹羹儿	糊糊 húhu
埂埂	埂儿 gěngr
锅锅	锅 guō
锅锅儿	锅儿 guōr
角角	角落 jiǎoluò
果果儿	果子 guǒzi

四川话	普通话
个个儿	个子 gèzi
拱拱	弧形物 húxíngwù
钩钩儿	钩子 gōuzi
沟沟儿	沟儿 gōur
瓜瓜	傻瓜 shǎgua
褂褂儿	褂子 guàzi
拐拐	拐角 guǎijiǎo
管管儿	管子 guǎnzi
罐罐儿	罐子 guànzi
滚滚儿	轮子 lúnzi
棍棍儿	棍子 gùnzi
哈哈儿	一会儿 yìhuǐr
憨憨儿	傻瓜 shǎgua
巷巷儿	小巷 xiǎoxiàng
豁豁儿	豁嘴儿 huōzuǐr
猴猴儿	猴子 hóuzi
怀怀	怀 huái
黄黄	蛋黄 dànhuáng
恍恍	粗心或爱忘事的人 cūxīnhuòàiwàngshìde rén
灰灰	灰 huī，灰尘 huīchén
灰灰儿（贬）	玄孙 xuánsūn
记记	（因受勒，压在身上留下的）痕迹 hénjì
家家	外婆 wàipó
夹夹	夹子 jiázi
圿圿	污垢 wùgòu
架架	架子 jiàzi
架架儿	背心儿 bèixīnr
尖尖儿	尖儿 jiānr

四川话	普通话
将将	刚刚 gānggāng
浆浆	糊糊 húhu
口口	口儿 kǒur
块块	块儿 kuàir
毛毛	毛 máo
帽帽	帽子 màozi
面面	面儿 miànr
苗苗	苗儿 miáor
馍馍	馒头 mántou
奶奶	乳房 rǔfáng，人奶 rénnǎi
篮篮	篮子 lánzi
林林	林子 línzi
笼笼儿	笼子 lóngzi
篓篓儿	篓子 lóuzi
炉炉儿	小炉子 xiǎolúzi
牛牛儿	陀螺 tuóluó；蜗牛 wōniú
崖崖	崖 yá
矮矮儿	矮子 ǎizi
耙耙	耙子 pázi
牌牌儿	牌子 páizi
盘盘儿	盘子 pánzi
泡泡儿	泡沫 pàomo
盆盆儿	盆子 pénzi
偏偏儿	靠墙搭的房子 kàoqiángdādefángzi
锥锥	锥子 zhuīzi；锥形物的尖端
嘴嘴	嘴儿 zuǐr

（9）四川话里带"儿"缀的名词，在普通话里不一定也带"儿"缀，请注意分辨。下面将一些常用字进行对比。

四川话	普通话
苍蝇儿	苍蝇 cāngyìng
风筝儿	风筝 fēngzheng
跟斗儿	跟头 gēntou
光头儿	光头 guāngtóu
黄豆儿	黄豆 huángdòu
豌豆儿	豌豆 wāndòu
绿豆儿	绿豆 lùdou
豇豆儿	豇豆 jiāngdòu
胡豆儿	胡豆 húdòu
尾巴儿	尾巴 wěiba
蚂蚁儿	蚂蚁 máyǐ

（10）四川话里表杆状的"手杆、脚杆、腿杆、腰杆、颈杆子、连儿杆、甘蔗杆"的词，用普通话说为"胳臂 gēbei、脚 jiǎo、腿 tuǐ、腰 yāo、脖子 bózi、大腿 dàtuǐ、小腿 xiǎotuǐ、甘蔗 gānzhe"，都不带"杆"语素。

（11）在表示事物或人的多数时，四川话一般在名词后面加"些"；普通话里则常在表人的名词后加"们"，表事物的名词后不加任何成分。

四川话	普通话
人些都来了。	人们都来了。
学生些放学了。	学生们放学了。
娃娃些睡了。	孩子们睡了。
通知干部些来开会。	通知干部们来开会。
东西些搁（ko）到箱箱头。	东西放到箱子里。
你把书些本本儿些清一下。	你把书和本子清理一下。
桌椅板凳些都撅开了？	桌椅板凳都搬开了？
这些纸盒盒些是哪个的？	这些纸盒儿是谁的？
那些房子些卖脱没得？	那些房子卖掉没有？
耗子些把书些都咬烂了。	老鼠把书都咬烂了。
家具行李些盘得起走不？	家具行李能搬走吗？

（12）四川话里，名词后表方位的"头"，普通话说"里 li"。如：家里（屋头），桶里（桶头），锅里（锅头），柜子里（柜柜头）。四川话里，名词后表时间空间范围的"后头（houtou）"，普通话说"里 li，里头 litou，里面 limian，里边（儿）libianr"。如：

四川话	普通话
我在城头住。	我在城里住。
裙子在柜柜后头。	裙子在柜子里头。
瓶瓶后头装得有白糖。	瓶子里面装着白糖。
车子后头有空调。	车子里边儿有空调。
他一年后头没有请过一回假。	他一年里没有请过一回假。

四川话里表示位置在后面的"后头（hòutou）"，普通话里也说"后头（后头）"或"后面儿（hòumianr）"。

四川话	普通话
你跟倒他后头走。	你跟着他后头走。
房子后头有口井。	房子后面有口井。
这段话搁到后头再讲。	这段话放到后面再讲。

四川话里，名词后表方位的"高上"，普通话说"上 shàng，上面（儿）shàngmianr，上头 shàngtou，上边（儿）shàngbianr。"如：

四川话	普通话
书在桌子高上。	书在桌子上。
柜柜高上好多灰灰哦！	柜子上面好多灰啊！
吃的东西莫搁到床高上。	吃的东西别放到床上。
把这句话写到本本高上。	把这句话写到本子上。

二、动词

四川话与普通话有部分动词的表示不同，其差异主要表现在以下几个方面：

（1）词义与用法大体相同而语音不同，有的尽管使用的汉字一样，字音却不相同。这又造成由某些动词繁衍出来的一系列相关的词有差异。如：

四川话		普通话	
跘（拌）	他跘倒了。	摔 shuāi	他摔倒了。
bàn	莫跘东西嘛！		别摔东西呀！
	瓶瓶跘下来，跘烂了。		瓶子摔下来，摔破了。
别 bìe	豆角别开了。	裂 lìe	豆角裂开了。
提 dìa	帮他提一下包包。	提 tí	帮她提一下包儿。
掟 dìn	玻璃遭掟了。	打 dǎ	玻璃被打烂了。
短 duǎn	快短到他。	拦 lán	快拦住他。
告 gào	你告一下看合不合适。	试 shì	你试试看合不合适。
哽 gěn	吃快狠了哽到了。	噎 yē	吃的太快噎到了。
呵 ho	你呵得来娃儿不？	哄 hǒng	你会哄小孩吗？
立起 lìqǐ	喊他立起说。	站起 zhǎnqi	叫他站起来说。
欠 qìan	我好欠家哦！	想 xiǎng	我很想家。

（2）四川方言里有很多动词与普通话的动词看起来相同，但它们也还有不同的部分。例如：

四川话		普通话	
吃 cī	吃饭，吃水果，	吃 chī	吃饭，吃水果。
	吃水，吃茶，吃酒，	喝 hē	喝水、喝茶、喝酒。
	吃烟，吃鸦片烟。	抽 chōu，吸 xi	吸烟，抽烟，
			抽大烟，抽鸦片。
走 zǒu	他走了。	走 zǒu	他走了。
等 děng	等他去读。	让 ràng	让他去读。
要 yào	他不要我去。	叫 jiào	他不叫我去。

这部分动词往往由于使用的汉字字形相同而被人忽略了它们在使用的范围、意义上的差异。人们常把方言中的形似相同实际不同的动词带入普通话。

（3）方言和普通话形音义都不同的动词情况错综复杂，下面举例对比。

四川话	**普通话**
巴 ba　把信封巴起来。	粘 zhān　把信封粘上。
巴广告。	贴 tiē　贴广告。
巴倒栏杆。	扶 fú　扶着栏杆。
不要去巴到领导。	巴结 bājie　别去巴结领导。
她最巴家家。	亲 qīn　她最亲外婆。

由"巴"的基本义"贴""粘"繁衍出来的形容词"巴适"，在四川话里也有六七种说法之多，例如形容词"巴心巴肝"，名片"巴片儿"，在普通话都有不同的表述形式。

这类动词也为数不少。常用的还有"扳、煸、操、扯、撑 chēng、打 dǎ、搞gǎo、捡 jiǎn、盘 pán"等。

（4）表示"动作短暂"的形式，四川方言和普通话也不同。四川方言"一下（动词）"，普通话大都用动词的重叠式来表示。如：

四川话	**普通话**
这本书借给我看一下。	这本书借给我看看。
你告一下，看合不合适。	你试试看，合不合适。
我出去活动一下。	我出去活动活动。
你帮我给他说一下。	你帮我给他说说。
讨论一下再决定。	讨论讨论再决定。

三、形容词

四川方言与普通话有一部分形容词说法不同，其差异主要表现在以下几方面：

（1）用字、读音都不同的形容词。例如：

四川话	**普通话**
炻pa　水蜜桃炻了。	软 ruan　水蜜桃软了。
我一身炻得很。	我浑身发软。
这件袄子还炻和。	这件棉袄还软和。

　　由"炦"还派生了一系列的名词，如"炦蛋"：软壳蛋，也指软弱的人；"炦耳朵"：怕老婆的人。

　　这类形容性词语，四川话里常用的还有：巴适、把细、宝、宝里宝气、颠东、二麻二麻、二通二通、黄、泡毛、夹、苔、水等。请将在这些词语方言与普通话词汇对照表中查出来，并记住普通话里的说法和用法。

　　（2）常用形容词的生动形式和形容词性固定短语的格式不同而形成差异。

　　①四川方言里很多单音节形容词前可再加修饰成分，构成双音节或多音节的形容词。普通话也有这种形式，比如：雪白、漆黑，笔直、崭新、飞快、喷香等。但是四川话里这类形容词比普通话里多一些，普通话常用别的形式来表示其内涵。下面是这类形容词在四川话与普通话中的表达差异。

　　"帮 bāng"用于"紧、硬、老、咸、重"等形容词前。

　　"飞 fēi"用于"冷、热、咸、苦、辣、宴"等形容词前，还能组成"飞恶、飞歪、飞辣八辣"等形式的词组，也还能用于动词"累、痛、讨厌、安逸"之前，还能组成"飞累八累"等形式的词组。

　　"焦 jiāo"用于"干、湿、咸、苦"等形容词前。

　　"稀 xī"用于"脏、乱、溜、烂"之前。

　　"溜 liū"用于"尖、滑、酸、圆"之前。

　　还有"蜜、甜、蒙、细、冰清、捞、空、苦"等。

　　以上多种形式都是为了说明后面所形容事物的性质或状态的程度，相当于普通话里形容词前的"很、十分、挺、太"或形容词后的"极了、得很"。例如，把"帮紧"说成"很紧、挺紧"，都能表达"帮"所要表达的内涵。如果要用普通话表达准确、生动，还可以用形容词的其他生动形式。例如形容衣帽、戒指太紧可用"金箍箍"等。

　　另外，四川有些地方的口语中在形容词前加"只有那么"或在形容词后加"腾儿"，作用与上面所说的相同。如"只有那么累了""累腾儿了"。普通话里除了以上表述形式外，还可以说"太累了""累死人了"等。

②形容词后缀的差异。四川方言和普通话里都有在单音节词干后面加双音节或三音节后缀构成的形容词形式，例如："光溜溜、孤零零、红通通、冷冰冰、毛乎乎、热乎乎、黑咕隆咚"等。普通话里也有很多这种生动形式，说法和四川话不同。例如：

四川话　　　　　　　　　　**普通话**

矮笃笃 aidudu　　　　　　　矮墩墩 ǎidūndūn

白生生 besensen　　　　　　白净净 báijìngjìng

满秋秋 men qiu qiu　　　　　满登登 mǎndēngdēng

四川方言里，常在形容词后带"稀稀"（有人写成"兮兮"）词缀，表现"有一点儿、稍微"的意思。例如，瓜、苦、懒、辣、甜、冷、嫩、假、脏、皱、烂、短、病、可怜、造孽等词都能与"稀稀"组成形容词生动形式。普通话里却用以下形式来表现：傻呵呵 shǎhēhē、苦英英 kǔyīngyīng、懒散散 lǎnsǎnsàn、辣丝丝 làsīsī、甜丝丝 tiánsīsī、冷丝丝 lěngsīsī、嫩闪闪 nènshǎnshǎn、皱巴巴 zhòubābā、烂乎乎　　　　lànhūhū、短巴巴 duǎnbābā、病歪歪 bìngwāiwāi、可怜巴巴 kěliánbābā。

形容词的后缀，能表现说话人的感情色彩。四川方言里形容词带"浊浊 coco"（有人写成"拙拙"或"矬矬"）含有贬义。如"矮浊浊、鬼浊浊、霉浊浊、笨浊浊、憨浊浊、昏浊浊、浑浊浊、神浊浊"等。对于身材矮小的人，如果带有喜爱的感情色彩，可用"矮墩墩、矮笃笃"等词。不喜欢的、带贬义的，才用"矮浊浊"。普通话里极少用"浊浊"作形容词后缀，却常常用"了呱叽"（或"里呱叽"）作后缀，含有贬义。许多单音节形容词后都可以带上"了呱叽"。例如矮、笨、粗、短、黑、灰、黄、假、苦、辣、懒、凉、穷、软、瘦、酸、甜、弯、咸、脏、皱、臭、淡等。但是，不是所有的形容词都能带这个词缀，要看普通话里有没有这样说的习惯。例如："鬼浊浊"常说"鬼头鬼脑"，"昏浊浊"常说"昏沉沉"，"浑浊浊"常说"很浑"或"浑浊"，"神浊浊"常说"有点神经质"。

形容词带后缀表现了客观事物的不同性质或状态的不同程度。如："冷稀稀"或"冷丝丝"是稍微有一点儿冷。"冷飕飕"是寒风吹来，觉得相当的冷。"冷冰冰"是物体很冷或形容待人、对事极其冷淡的态度。

　　形容哪些事物用带有哪些词缀的形容词也有人们约定俗成的习惯。不能把四川话里形容词的生动形式，不加区别地用到普通话里去。如果不知道普通话里应怎样表示，请多查有关词典。吕叔湘主编的《现代汉语八百词》一书后面，附有"形容词生动形式表"，比较详细地列出了普通话里形容词的各种生动形式，可供参考。

　　③形容词性固定词组方面的差异。四川方言中有些形容词性固定词组是普通话里没有的，要特别注意在说普通话时，要换成普通话里规范的形容语。

　　例如："飞咸八咸、飞苦八苦、飞辣八辣、飞臭八臭、飞烫八烫、飞痛八痛、飞累八累、飞歪八歪、稀脏八脏、稀烂八烂、稀王八烂、小家八适、冷秋八淡、七古八杂、气駒八駒、上好八好"等。"飞……八……""稀……八……"表示"非常，很"，程度很高，这类词组可换成"很咸，太咸，很苦，苦极了，辣死了……"，或普通话里表示"很"的形容词生动形式，如"臭烘烘、厚墩墩、厚厚实实、烫里八叽、烂了八叽"等。"小家八适"及其后面的固定词组可分别用"小家子气、冷冷清清、杂七杂八、气喘吁吁、好端端、好生生"等来表示。"道……不……"的形式，如"道长不短、道大不小、道高不矮、道篮不绿、道黑不黄、道笑不笑、道理不理、道明不白"等。在"道……不……"中间嵌入意义相反、相同或不同的单音节形容词、动词或语素表示"既不……，也不……"、"说它……，它不……"的意思，表示事物性质、动作等的中间状态。用普通话说就是："说长不长，说短不短；说大不算大，说小不算小；既不高，也不怎么矮；说蓝不算蓝，说绿不算绿（又蓝又绿），又黑又黄，似笑非笑，似理非理，说明白又不明白"。

四、代词

（一）人称代词

　　四川方言和普通话的人称代词所用的汉字大部分相同，语音上有差异。例如"我"字四川绝大多数地方说[ŋo]³，普通话是 wǒ，音节开头没有舌根鼻音而有 u 介音。"你"普通话是 nǐ，四川话多数地方说[n̠i]¹，是舌面鼻音。"他 tɑ"四川有些地区说"那[na]¹"。以上人称代词在口语中出现频率很高，想要说准确，还要多做练习。

　　"您 nín"是"你"的尊称。普通话口语里常用于称呼长辈、老人、师长等受尊敬的人，四川话没有这一说法。四川有些地方用"你老人家、你老先生、你大爷"来表示，川东一些县市用[niar]、[niaŋ]、[nia]、[iaŋ]来表示。我们要熟练地掌握"您 nín"的发音和用法。

　　四川话里的"个别"，普通话说"别人"。四川话里的"大家"，普通话里有两种说法：大家 dàjiā，大伙儿 dàhuǒr（口语）。

（二）指示代词

　　指示代词中，"这、那"的四川方言和普通话写法、用法基本一致，语音上有差异。普通话里"这"音 zhè，后面跟量词或数量词时常说 zhèi。

　　这里 zhèlǐ、这儿 zhèr、那里 nàli、那儿 nàr。四川多数地方说法与普通话相同，但语音不同。有些地方会说"这候儿、这踏、这堂、这跟前、这点、这点儿、这坎、这边、这面；那候儿、那踏、那堂、那跟前、那点儿、那坎、那边、那面"等。

　　下面的指示代词或指示代词性词语，在四川方言和普通话中的表现差异较大。

四川话	普通话
这阵、这下儿	这（个）时候 zhè（ge）shíhou
这个时候，这时间	这会儿 zhèhuìr
那阵、那下儿	那（个）时候 nà（ge）shíhou
那个时候、那时间	那会儿 nàhuì
这么、这们、这样、这样子	这么 zhème（只做定语、状语）
这个样子、这种、仲个	这样 zhèyàng
仲个子、仲庚儿	这样儿 zhèyàngr
弄个子、正个、正们	（可做定语、状语
正个儿、正歪子、这庚儿	也可做补语、谓语）

疑问代词和疑问代词性短语在四川方言和普通话差别很大。

四川话	普通话
哪个、哪一个、是哪个	
谁个、谁人、啥子人、啥人	谁 shuí，shér（口）
啥子、啥、啥东西、什们、	
送们、哪样、么子、么个	什么 shénme
咋个、咋个样、咋块、嘟个	
嘟们、仲庚儿、怎样	怎么 zěnme
咋个的、嘟个的	怎么着 zěnmezhe
咋样、咋个样、嘟个样	怎么样 zěnmeyàng
好多	多少 duōshao

五、量词

（一）物量词

常用的物量词中四川话与普通话不同的主要有以下一些：

四川话	普通话	名词
耙	把 bǎ、条 tiáo	鼻涕
耙	泡 pāo	屎、尿
杆	支 zhī、枝 zhī、管 guǎn	笔
窝	棵 ke	菜、草
根	条 tiáo	蚕
架、部、挂	辆 liàng	车
部、架	辆	汽车
间	个 gè	房间
坨	团 tuán	毛线、线、棉花
匹	座 zuò、片 piàn	山、瓦
一耙拉	一大堆 yí dàduī	事情

（二）动量词

经常用的动量词中，四川话和普通话不同的有以下一些：

四川话	普通话
他看了一道又一道。	他看了一遍又一遍。
他说了一道又一道。	他说了一遍（一次）又一遍（一次）。
我去看过他一盘。	我去看过他一次。
我出去耍了一盘儿。	我出去玩了一次。
头发粘成了一坨。	头发粘成一团儿。

六、助词

助词中四川话方言和普通话差异最大的是动态助词"着"和语气助词。

（一）动态助词"着"

普通话里的动态助词"着"，在四川各地方言中，分别用"倒、起、倒起"来表示，四川人说普通话时还要特别注意"着"字读轻声，不要念成重音。下面举例进行对比。

四川话	普通话
看倒看倒就睡着了。	看着看着就睡着 zháo 了。
眯起眼睛做啥子？	眯着眼睛做什么？
你帮我看倒起哈！	你帮我看着啊！

四川话里动词后面的"倒、起"有些是表示结果的补语，不是动态助语。这个问题在语法部分分析。

（二）语气助词

四川方里的语气助词非常丰富，这些语气助词绝大多数与普通话里的语气助词发音不同，两者的含义和用法也有较大的差异。四川各地语气助词的发音和用法也有不同。下面我们把多数地方经常使用的语气助词与普通话的语气助词进行对比（左边是方言例句，右边是普通话）：

（1）"不"。四川话里用来表示是否可能的疑问句用在句末时，表询问。普通话里用"吗 ma"。如：

四川话	普通话
他明天来得倒不？	他明天来得了吗？
后天写得起不？	后天写得完吗？
我来得不？	我能来吗？

（2）"嗉"。四川话里用于疑问句句中和是非问句句末，为了证实自己的看法而发出询问，或表示质问、责骂、不满意的口气。普通话里用"吗"或"啊"。

四川话	普通话
东西找不到了嗉？	东西找不到了吗？
那不去了嗉？	你不去了吗？
那么相因嗉？	那么便宜呀？

（3）"啊"。四川话里用于疑问句句中和是非句的末尾，表示询问或商量的口气。普通话里用"吗、啊或吧"来表示。例如：

四川话	普通话
他明天走啊？	他明天走吗？
是你的书啊？	是你的书吗？
够了啊？	够了吗？
要这起啊？	要这种吗？

（4）"嗬"。

①四川话里用于疑问句句中的特指问句、选择问句、反复问句的句末，相当于普通话里的"呢"。例如：

四川话	普通话
这是哪个的幺儿嗬？	这是谁的孩子呢？
说这些有啥子用嗬？	说这些有什么用呢？
你到底是哪个嗬？	你到底是谁呢？

②用于陈述句中停顿处，提醒听者对"嗬"后面的语言成分充分注意，普通话里用"呢"或"的话"来表示。

四川话	普通话
说你嗬，你又不开腔。	说你呢，你又不说话。
你碰到他嗬，帮我带个好哈！	你碰见他的话，帮我问个好啊！

（5）四川话里"嘛"的用法较多，既可以用于疑问句句末，也可用于祈使句、陈述句句末。

①用于前面有疑问代词的特指疑问句末，表询问或反问，语气比较委婉、缓和。普通话里用"呢"表示。

四川话	普通话
他有啥子事情不高兴嘛？	他为什么不高兴呢？
爪子了嘛？	怎么的呢？

②用于祈使句或陈述句句末，突出请求、劝阻、催促、命令、同意等语气。普通话里常用"吧"或"嘛"来表示。有的可不加语气助词，如命令语气。

四川话	普通话
随便他嘛！	随他吧！
快点走了嘛！	快走了吧！
这个还可以嘛。	这个还可以。

③用于陈述句末，有"显而易见"或"本应如此"的语意，用于否定句末，表示坚决的语气。普通话里用突出语调或句内某些词的形式表示，前者可不用语气助词，后者也可以用"嘛"。如：

四川话	普通话
本来就是的嘛。	本来就是的。
他不晓得嘛。	他不知道。
人多才好耍的嘛。	人多才好玩儿。

（6）"嘚""在"的用法。

①用于陈述句末，表示动作或活动正在进行或肯定所叙述的事实。普通话用"呢"表示。

四川话	普通话
我睡起嘚。	我睡着呢。
包子还是热嘚。	包子还是热的呢。
没有听到你说过嘚。	没有听见你说过呢。

②"嘚"用于感叹句句末，加重语气。普通话里用语调变化或加重某些词的读音表示，有的可用"呢"表示。

四川话	普通话
不要怕嘚！我给你扎起。	别怕！我给你撑腰。
咋子搞起嘚？	怎么搞的？
你唧个弄起嘚？	你怎么弄的？

（7）"嘚嘛"用于陈述句末，用肯定的语气来陈述已经过去的事实以表示自己不同的看法。普通话里用"呀"来表示。例如：

四川话	普通话
我硬是生病了的嘚嘛。	我真的生病了呀。
菜都炒起了嘚嘛。	菜都炒好了呀。
他走都走了嘚嘛。	他已经走了。
你有钱嘚嘛！	你不是有钱吗？

（8）"哆"常用于陈述句末，表示在未来时间进行某活动或动作的语气词。普通话里用"吧"或"啊"或"再说吧"来表示。

四川话	普通话
不忙哆，等到我。	别忙啊，等着我。
等你吃完饭哆。	等你吃完饭再说吧。
我再去耍一哈哆。	我再去玩一会吧。

（9）"哈"，常用于陈述句末，来表示提醒、叮嘱、请求的语气，相当于普通话的"啊"。如：

四川话	普通话
我先走了哈。	我先走了啊。
小心点儿哈。	小心点儿啊。
快点过来哈。	快点过来啊。

（10）"吔（上声）、咵（去声）"的用法。①用于表称谓的名词之后，可拖长发音。引起听者注意。②用于陈述句末，表示出乎意料或居然如此。相当于普通话里的"啊"，如：

四川话	普通话
妈吔，好痛哦。	妈呀，好痛呀。
走了嘛，幺儿吔。	走了吧，孩子。

（11）"哦、哟"的用法。

①用于感叹句或疑问句的句末，表示强调语气或表示反问、责问、不以为然等，相当于普通话里的"啊"。

四川话	普通话
好酸哦！	好酸啊！

不慌哦，等哈说。　　　　　不着急，一会说。

啥子事哦？　　　　　　　　什么事儿啊？

哪个推我哟？　　　　　　　谁推我啊？

他把我整的好恼火哟。　　　他把我整的好苦啊！

在哪里开会哦？　　　　　　在哪儿开会啊？

②"哦"（去声）用于陈述句末，表示强调事实或提醒、叮嘱对方的语气，相当于普通话的"啊"。

　　　　四川话　　　　　　　　**普通话**

他是说清楚了的哦。　　　　他是说清楚了的啊。

这个是哪个买的哦。　　　　这个是谁买的啊。

快点吃哦，搞不赢啰。　　　快点儿吃啊，来不及啦。

莫搞忘了啊。　　　　　　　别忘了啊。

（12）"咪"（阳平调，韵母开口度大，或写成"嘞"）用于感叹句末，加强感叹的语气。普通话里用"啊"来表示。

　　　　四川话　　　　　　　　**普通话**

你的脸皮硬是厚咪！　　　　你的脸皮真厚啊！

你们喝得安逸咪！　　　　　你们喝得痛快呀！

这个菜好巴适咪！　　　　　这个菜好好吃呀！

我硬是说不清楚了咪！　　　我真是说不清楚了呀！

（13）煞"用于疑问"、祈使句、陈述句句末，表现急迫、不耐烦、催促的语气。普通话里用"呢、啊"等表示。

　　　　四川话　　　　　　　　**普通话**

咋个的煞？快说嘛！　　　　怎么的呢？快说吧！

走煞！快点儿去煞！　　　　走哇！快点儿去呀！

莫催煞！等倒他煞！　　　　别催呀！等着他呀！

这就对了煞！　　　　　　　这就对了呀！

吃了东西要给钱煞！　　　　吃了东西要付钱啊！

（14）"的"用于疑问句末，表示要求听者证实或肯定事实的语气。也用于陈述句末，强调句末，强调肯定或说明已发生的事实。普通话里有这个语气助词，字形、用法相同，字音不同，读"de"轻声。

四川话	普通话
哪个看倒他了的？	谁看见他了的？
今天哪些人去了的？	今天哪些人去了的？
我看倒他去了的。	我看见他去了的。
他们早晨送他走的。	他们早上送他走的。

"的"后还可以加"哦"，用"的哦"来提醒听者对于已发生事实的充分注意。普通话里用"的啊"来表示。

四川话	普通话
昨天我是来了的哦。	昨天我是来了的啊。
这是妈喊我送来的哦。	这是妈叫我送来的啊。

（15）"啰"。相当于普通话的"啦"或"了 le"。

四川话	普通话
来啰，他硬是来啰。	来了，他真的来了（啦）。
怄死人啰。	气死人了。

七、连词

（1）四川话里的连词"管的……，红黑……""随便……，横顺……""随在……，总还……"等，普通话用"不管……，反正……"等来表示。例如：

四川话	普通话
管的你去不去，红黑我是要去的。	不管你去不去，反正我是要去的。
随便你干不干，横顺我要干。	随便你干不干，反正我要干。
随在你咋个说，总还他是不听的。	不管你怎么说，反正他是不听的。

（2）四川话里的语气词"啥"，相当于普通话里假设句的连接词"如果、假如、要是"等。

第三节　四川方言和普通话在句法方面的主要差异

一、表示"能""不能"的句式

（1）四川方言在句中动词的后面加"得"表示可以、可能做的某种动作。例如："吃得"，可以表达三种意思："这起菌子吃得"，是说"蘑菇没有毒，可以吃"；"他买的东西，我们都吃得"，是说"他的东西，允许大家吃，我们都可以吃"；"他好吃得哦"，是说"他的食量，很能吃"。以上三种句子，在普通话里都不用"吃得"，而用"能吃"来表示。又如：

四川话	普通话
走了不？走嘛。	走了吗？走吧。
这件衣服那穿得。	这件衣服你能穿。
这条路走不得。	这条路不能走。
补了牙，吃都吃不得。	补了牙，吃都不能吃。

以下一些常用词语，四川话和普通话的说法也不同：

四川话	普通话
要得，我吃。	好，我吃。
要不得，我认不到这个人。	不行，我不认识他。
我认得到他。认得得字。	我认识他。认识字。
这个面包还好吃得。	这个面包很好吃。

（2）四川方言里，在句中动词前加"得不得、不得"也表示动态的可能性，普通话里用"会不会、不会"来表示。

四川话	普通话
老师得不得很冒火哦？	老师会不会很生气呢？
不得，我不得。	不会，我不会。
姐姐些得不得睡咯？	姐姐们会不会睡觉了？

不得，她们睡得暗。　　　　不会，她们睡得晚。

下面的句子中的"得不得"不表示"会不会"的意思。

四川话	普通话
你得不得走？	他会不会走？
不得走。	不会走。
他得不得呕？	他会不会生气？
不得行，硬是不得行。	不行，真的不行。

二、表示"会不会、会、不会"的句式

四川方言里有"（动）得来（动）不来？"或"（动）得来不？"这样的句型，表示询问"会不会"某一动作。回答是"（动）得来"或"（动）不来"。普通话一般不用这种句型，而是在动词前面加"会不会、会、不会"来表示。例如：

四川话	普通话
你唱得来做不来？	你会不会唱？
你说的来不？	你会说吗？
我唱的来。	我会唱。
我炒得来菜。	我会炒菜。
她扯不来慌。	她不会说慌。
他写不来这起文章。	他不会写这种文章。
他唱都唱不来还要去唱。	他唱都不会唱还要去唱。

下面这些句子中动词后的"不来"，普通话里不用"不会"，而是用别的说法。

四川话	普通话
我闻不来烟子气气。	我不喜欢闻烟味儿。
他吃不来白菜。	他不吃白菜。
说不来这个人。	说不出这个人。

"合得来、合不来；谈得来、谈不来；处得来、处不来"是四川

话和普通话里都有的说法，表达的意思也一样。

三、表示事物存在的"得有"

四川方言里常在动词后带"得有"再带宾语，表示事物的存在，即"（动）得有（宾语）"。普通话里一般用动词后带助词"了 le、着 zhe"来表示。例如：

四川话	普通话
他带得有钱莫得？	他带着钱没有？
带都有。	带着呢。
身上揣得几把刀。	身上揣了几把刀。
留得有两个水果。	留了两个水果。
老师还带得有两个同学来。	老师还带了两个同学来。
担怕背得有几十斤米。	恐怕背了几十斤米吧。

这类句式，在普通话里有的用"有"来表示：

四川话	普通话
木头上刻得有文字。	木头上刻有文字。
书包头装得有很多本书。	书包里装了很多本书。

普通话里还有不加任何成分的现象：

四川话	普通话
他没带得有啥子吃的来。	他没带什么吃的来。
木头上有没有刻得有字。	木头上有没有刻（着）字。

四、形容词、动词后面的"很"

四川话里有"（形）很啰""（动）很啰"这样的词组，表示形容词和动词所表达词意程度很高。普通话里没有把程度副词"很"直接放在形容词和动词后面的词组，而是用"太（形）了""过分（动）"

"（动）得太厉害""（动）得太（形）"来表示。

四川话	普通话
人老很啰，走不得啰。	人太老了，走不动了。
你不要怪很啰。	你别太怪了。
他跑得快很啰。	他跑得太快了。
车子不要开快很啰。	车不能开得太快了。
怄很啰要得病。	过分生气会生病。
跑快很啰心脏遭不住。	跑得太快心脏受不了。
走多很啰脚杆要痛哦。	走得太多脚会疼。

五、介词或助词"遭"

四川话里被动句中的介词都用"遭、拿给"等，普通话的书面表达中常用"被"，口语中也用"叫、让"。

四川话	普通话
手机遭别人偷起走啰。	手机被别人偷走了。
我遭人家打了一顿。	我被别人打了一顿。

六、宾语的语序

四川话普通话有不同之处。

四川话	普通话
拿根烟给我。	给我一支烟。
给我本书。	给我一本书。
称三两山楂给我。	给我称三两山楂。

下面的句子，普通话里是动词后带双宾语，四川话里常用单宾语，另一个用介词构成介词结构做状语。

四川话	普通话
我跟你说个事。	我告诉你一件事。
我去跟他说那个事情。	我去告诉他那件事儿。

七、可能补语的差异

四川话	普通话
你走得倒来不倒？	你走得了走不了？
你走得倒不？	你走得了吗？
我们去不倒了。	我们去不了啦。
这个衣服还拿不倒。	这个衣服还拿不了。
好久装起？	什么时候能装好？
拉得起走。	能拉走。

八、结果补语的差异

四川话	普通话
我看倒他啰。	我看见他了。
你把嘴巴闭倒起。	你把嘴闭上。
你怪不倒我嘛。	你怪不着我。
闻不倒啥子气气啰。	闻不出什么气味儿了。
睡起！	躺下！
他没有考起研究生。	他没有考上研究生。
人些都坐起啰。	人们都做好了。
车子锁起啰。	车子锁上了。

九、趋向补语的差异

四川话	普通话
说起好听，做起恼火。	说起来好听，做起来挺费事儿。
我才想起哪个事没整。	我才想起来什么事情没做。
把裤脚挽起。	把裤腿卷起。

十、补语中有无"起"字

四川话	普通话
嘟个说起的？	怎么说的？
你懂的起不？	你懂吗？
整都整不起走。	弄都弄不走。
把你的论文整起走。	继续写你的论文。

十一、补语中不同的表达方式

四川话	普通话
搞都搞不赢。	忙都忙不过来。
羽毛球我打不赢他。	羽毛球我打不过他。
他逃不脱我的手板心。	他逃不出我的手心。
手机不要拿落咯。	手机不要拿掉了。
小王把他打惨咯。	小王把他打得很厉害。
我等你等安逸咯。	我等你等久了。
我今天脚痛惨咯。	今天我的脚太痛了。

第九章　　计算机辅助普通话水平测试

一、普通话水平测试的性质、目的、内容和范围

（一）普通话水平测试的性质

普通话水平测试（PSC：PUTONGHUA SHUIPING CESHI）是我国为加快共同语普及进程、提高全社会普通话水平而设置的一种语言口语测试，全部测试内容均以口头方式进行。普通话水平测试不是口才的评定，而是对应试人在运用普通话进行口语表达过程中所表现的语音、词汇、语法等使用规范程度的测查和评定，是汉语标准语测试。

（二）普通话水平测试的目的

普通话水平测试的目的，一方面是以普通话语音、词汇、语法规范（按普通话水平等级标准一级甲等设定）为参照标准，通过测试评定应试人普通话水平所达到的等级，为对普通话水平有要求的岗位逐步实行持证上岗制度服务；另一方面，通过普通话水平测试更深入地推动普通话普及程度，促进汉语规范，从而提高全体人民的语言素质。

（三）普通话水平测试的内容和范围

普通话水平测试的内容包括普通话语音、词汇和语法。

普通话水平测试的范围是国家测试机构编制的《普通话水平测试用普通话词语表》《普通话水平测试用普通话与方言词语对照表》《普

通话水平测试用普通话与方言常见语法差异对照表》《普通话水平测试用朗读作品》《普通话水平测试用话题》等书。

二、普通话水平测试等级标准

国家语言文字工作部门发布的《普通话水平测试等级标准》是确定应试人普通话水平等级的依据。测试机构根据应试人的测试成绩确定其普通话水平等级，由省、自治区、直辖市以上语言文字工作部门颁发相应的普通话水平测试等级证书。

普通话水平划分为三级六等，具体标准如下：

（一）一　级

甲等：朗读和自由交谈时，语音标准，语汇、语法正确无误，语调自然，表达流畅。测试总失分率在 3%以内（97 分及其以上）。

乙等：朗读和自由交谈时，语音标准，语汇、语法正确无误，语调自然，表达流畅。偶有字音、字调失误。测试总失分率在 8%以内（92 分—96.99 分）。

（二）二　级

甲等：朗读和自由交谈时，声韵调发音基本标准，语调自然，表达流畅。少数难点音（平翘舌音、前后鼻尾音、边鼻音等）有时出现失误。语汇、语法极少有误。测试总失分率在 13%以内（87 分—91.99 分）。

乙等：朗读和自由交谈时，个别调值不准，声韵母发音有不到位现象。难点音（平翘舌音、前后鼻尾音、边鼻音、fu－hu、z－zh－j、送气不送气、i－u 不分、保留浊塞音、浊塞擦音、丢介音、复韵母单音化等）失误较多。方言语调不明显，有使用方言词、方言语法的情况。测试总失分率在 20%以内（80 分—86.99 分）。

（三）三 级

甲等：朗读和自由交谈时，声韵母发音失误较多，难点音超出常见范围，声调调值多不准。方言语调明显。语汇、语法有失误。测试总失分率在30%以内（70分—79.99分）。

乙等：朗读和自由交谈时，声韵调发音失误多，方音特征突出。方言语调明显。语汇、语法失误较多。外地人听其谈话有听不懂的情况。测试总失分率在40%以内（60分—69.99分）。

三、普通话水平测试的对象及其要求

（一）普通话水平测试的对象

根据国家颁布的《普通话水平测试实施办法》规定，应接受普通话水平测试的人员为：

（1）教师和申请教师资格的人员；

（2）广播电台、电视台的播音员、节目主持人；

（3）影视话剧演员；

（4）国家机关工作人员；

（5）师范类专业、播音与主持艺术专业、影视话剧表演专业以及其他与口语表达密切相关专业的学生；

（6）行业主管部门规定的其他应该接受测试的人员；

（7）社会其他人员可自愿申请接受测试。

（二）普通话水平测试对象的等级要求

现阶段对一些岗位和专业人员的普通话等级要求为：

（1）国家级和省级电台、电视台的播音员、节目主持人应达到一级甲等，其他电台、电视台的播音员、节目主持人不低于一级乙等；

（2）一般教师不低于二级乙等，语文教师和对外汉语教学教师不低于二级甲等，普通话教师和语音教师不低于一级乙等；

（3）国家公务员不低于三级甲等；

（4）电影、话剧、广播剧、电视剧等表演、配音人员，播音、主持人专业和电影、话剧表演专业的教师和毕业生，普通话水平必须达到一级；

（5）其他应当接受普通话水平测试的人员如律师、医护人员、导游员、讲解员、公共服务行业的营业员等，其达标等级可根据不同的地区、不同行业特点由省级语言文字工作委员会确定。

四、普通话水平测试试卷构成和评分标准

普通话水平测试试卷依照《普通话水平测试大纲》编制，通常为 4 个组成部分，满分为 100 分。

1. 读单音节字词 100 个(不含轻声、儿化音节，限时 3.5 分钟，共 10 分)

（1）目的：检测应试人在声母、韵母、声调读音方面的标准程度。

（2）要求：

①100 个音节中，70%选自《普通话水平测试用普通话词语表》"表一"，30%选自"表二"；

②100 个音节中，每个声母出现次数一般不少于 3 次，方言里缺少的或容易混淆的酌量增加 1～2 次；每个韵母出现次数一般不少于 2 次，4 个声调出现次数大致均衡；

③音节的排列要避免同一测试要素连续出现。

（3）评分：

①语音错误，每个音节扣 0.1 分；

②语音缺陷，每个音节扣 0.05 分；

2. 读多音节词语 100 个（限时 2.5 分钟,共 20 分）

（1）目的：检测应试人在声母、韵母、声调和变调、轻声、儿化读音方面的标准程度。

（2）要求：

①词语的 70%选自《普通话水平测试用普通话词语表》"表一"，30%选自"表二"；

②声母、韵母、声调出现的次数与读单音节字词的要求相同；

③上声与上声相连的词语不少于 3 个，上声与非上声相连的词语不少于 4 个，轻声不少于 3 个，儿化不少于 4 个（应为不同的儿化韵母）；

④词语的排列要避免同一测试要素连续出现。

（3）评分：

①语音错误，每个音节扣 0.2 分；

②语音缺陷，每个音节扣 0.1 分。

3. 朗读短文（1 篇，400 个音节，限时 4 分钟，共 30 分）

（1）目的：检测应试人使用普通话朗读书面材料的水平。在检测声母、韵母、声调读音标准程度的同时，重点考察语音、连读音变（上声、一、不）、停连、语调以及流畅程度。

（2）要求：

①短文从《普通话水平测试用朗读作品》中选取；

②评分以朗读作品的前 400 个音节（不含标点符号和括注的音节）为限。

（3）评分：

①每错 1 个音节（含错读、漏读和增读）扣 0.1 分；

②声母或韵母的系统性语音缺陷，视程度扣 0.5 分、1 分；

③语调偏误，视程度扣 0.5 分、1 分、2 分；

④停连不当，视程度扣 0.5 分、1 分、2 分；

⑤朗读不流畅（含回读），视程度扣 0.5 分、1 分、2 分。

4. 命题说话（限时 3 分钟，共 40 分）

（1）目的：检测应试人在无文字凭借的情况下说普通话的水平，重点考察语音标准程度、词汇语法规范程度和自然流畅程度。

（2）要求：说话话题从《普通话水平测试用话题》中选取，由应试人从给定的两个话题中选定 1 个话题，连续说一段话。

（3）评分：

①语音标准程度，共 25 分。分六档：

一档：语音标准，或极少有失误，扣 0 分、1 分、2 分；

二档：语音错误在 10 次以下，有方音但不明显，扣 3 分、4 分；

三档：语音错误在 10 次以下，但方音比较明显，或语音错误在 10 次—15 次之间，有方音但不明显，扣 5 分、6 分；

四档：语音错误在 10 次—15 次之间，方音比较明显，扣 7 分、8 分；

五档：语音错误超过 15 次，方音明显，扣 9 分、10 分、11 分；

六档：语音错误多，方音重。扣 12 分、13 分、14 分。

②词汇语法规范程度，共 10 分。分三档：

一档：词汇、语法规范，不扣分。

二档：词汇、语法偶有不规范的情况，扣 1 分、2 分；

三档：词汇、语法屡有不规范的情况。扣 3 分、4 分。

③自然流畅程度，共 5 分。分三档：

一档：语言自然流畅。不扣分。

二档：语言基本流畅，口语化较差，有背稿子的表现，扣 0.5 分、1 分。

三档：语言不连贯，语调生硬。扣 2 分、3 分。

④说话不足 3 分钟，酌情扣分。

五、普通话水平测试程序

应试者根据自己的职业或身份情况到相应的语委机构或普通话水平测试中心报考相应的等级。经核准后，应试者在规定的日期内，凭本人的准考证和身份证，进入指定的考场，进行身份认证和指纹、电子照片采集，并完成电脑自动分配试题，按指定试题上的内容进行测试。

首先有约十分钟的准备时间，进入考场后对号入座，点"下一步"

后用指纹登录。每一批次的所有人登录后，统一由老师发送试卷到每台电脑，然后戴上耳机，耳机话筒调整到离嘴近一点，试音前有提示需要读一段屏幕上的内容，如"我叫方某某，我的准考证号是1111111111"。注意参加测试人员这时右手对面屏幕上有个黑色的方框，方框内显示输入音量的大小，注意音量浮动范围要在方框内，录音才能成功，正式开始测试的时候也需注意调整适当输入音量的大小，试音成功后电脑会显示"试音成功"，如果显示"试音失败"，需要再次点"确定"试音。同一批次的所有人试音成功后才能开始测试。正式测试是按照四项内容先后进行测试：100 个单音节字词、50 个多音节词语、作品朗读、命题说话。每一题测试人员如果提前在规定时间前读完测试内容，可以点"下一题"进入后一题测试，测试内容全程录音，最后一题时间到 3 分钟时自动结束，同一批次的所有测试人员全部结束测试后方可离开座位。

六、如何准备普通话测试

准备参加普通话水平测试的人来自不同地域，在发音上有不同的特点，主要有以下几点可以帮助提高测试成绩：

首先，要行动起来。准备一本规范的普通话练习书，最好选择正版的普通话教材。这样能快速有效地发现自己的语音问题，并重点解决。很多人拿到成绩后非常困惑，因为许多二乙、三甲等级的人认为自己的普通话很好，不应该是这个分数。可是，他们没有发现自己就连最基本的一些声母、韵母和声调都没发准确，更不用说语音流变的知识了。

其次，针对语音缺陷进行大量的练习，在练习的时候需要对标准普通话进行模仿学习，比如新闻联播主持人的发音。

最后，要掌握好普通话和方言的词汇、语法的区别。需要在平时多观察，注意积累。

七、普通话水平测试中应注意的一些事项

（一）读单音节字词 100 个

在测试中认错字也算语音错误，需要我们在测试时高度重视，以避免无谓的失分。口齿不清也算语音缺陷，发音含混不清，清晰度不高，应试人也要尽力避免。

应避免随便的口语发音习惯，力求把每个音节都读得字正腔圆，响亮饱满。尤其是声调要读准确，上声的尾音要提起来（214），不能读成上半声。

掌握好语速及音节与音节之间的停顿，正确的做法应该是语速适中，一个音节一个音节地断开读，不要拖泥带水、前后相连。建议在3分钟内完成为最佳，每个音节之间的停顿应在1～1.5秒范围内。

测试时要注意辨别形近字，如"栽—裁、缓—媛、撤—辙、衅—畔、迢—招"等。还要注意不要把某个字念成常和它组词的另一个字，如把"瑰、魄"念成"玫、魂"等。实际上这些字都是常用字，按说是不应该读错的，但由于应试者心理过于紧张，便很容易发生误认误读的情况。

（二）读多音节词语 50 个

本题的难点是在第一题的基础上增加了轻声、儿化和上声变调。

关于儿化，只要求应试人把标有"儿"尾的词念成儿化韵，如"金鱼儿"就是这样一个标有"儿"尾的儿话词，应该念成"金—鱼儿（jīn-yúr），不应念"金—鱼—儿（jīn-yú-ér）"。其他的词语若词尾没有标"儿"字，那么，即使可读儿化韵，也不要求读成儿化。

最后一个字是上声的词语，一定要把调值214念完整，也就是说要念成全上声，调尾要提起来，不要只念成半上声211。

（三）朗读作品

本题中的朗读作品为《普通话水平测试大纲》所规定的朗读篇目之中的一篇短文。这部分内容，除了要考查在连续的语流中应试人能否扫除语言文字障碍，读好字音的声母、韵母、声调、轻声、儿化韵和上声变调等，还要考察应试人把诉诸视觉的书面语言转换为诉诸听觉的有声言语的能力；包括应试人对作品的基本理解、清晰地表意，正确处理朗读的语速、节奏、停顿和连接、重音、语气、腔调，克服方言语调等内容。要注意避免漏读、添读和回读失误。测试规定，朗读中的漏读、添读及回读现象均按语音错误扣分，所以要尽量避免这三种现象，尤其是回读。

（四）命题说话

本题是根据《普通话水平测试大纲》所规定的说话题目进行单向说话，主要考察应试人的普通话口语表达能力。每份题卷上都有两个题目，可由应试人根据自己的实际情况任选一个题目进行准备和应考。

在实际的测试中，可能要说的话还没说完，时间就到了，也许要说的话已经说完了，时间还没到。遇到后者，要随机应变，可接着前面的话题继续发挥，如说说前面那段故事给我留下的感想、看法等。当然，在准备的时候，应该多考虑一些具体的说话内容。

进入考场，在正式考试之前，每个应试人都有大约 10 分钟的准备时间，这个时候应试人都拿到了自己的题卷，要认真做好准备。建议首先选取说话的题目，确定内容，思考说话的大致条理，这样才不至于测试时无话可说。有的应试人花过多的时间放在读作品上，这是不合适的，因为前三题都是有文字凭借的，而且都应该在拿到这本教材时就下功夫去学习。前两题中所有的字词读音，都可以在教材里学到，朗读也可以通过教材提供的作品进行训练，因此针对前三题，绝大部分的准备工作应在测试前做好。教材虽然也提供了第四题说话的题目，但测试时的随意性毕竟很大。十分钟的准备时间不可能平摊到每一道题的准备上，应该首先侧重于说话的准备，其次再做读单音节或多音节和朗读的准备。更多的准备应该放在说话题目的选择、说话内容的确定和组织上，测试时无话可说是会失掉很多分数的。如果应试人说话的内容过少，说话时间不到 3 分钟，也会被扣掉更多的分数。

八、普通话水平测试样卷

1. 读单音节字词 100 个（限时 3.5 分钟，共 10 分）

铡　摆　沙　鹤　痣　舌　逮　若　池　筛
得　字　给　二　鳃　棉　宰　凹　淋　槽
品　朝　腔　挠　巷　泡　柄　另　邹　氢
轴　腹　岸　榄　筑　瘫　哭　判　粗　认
藏　缸　震　纺　挂　忙　耍　憎　祸　索
正　踹　缝　坏　梦　隋　戏　褪　溺　霞
款　颊　环　掖　蒜　谢　爹　舜　飘　损
表　闯　修　撞　玖　童　约　胸　劝　孔
徐　绒　俊　翁　略　宋　群　掘　总　荀
穷　旅　婶　卷　复　即　如　真　不　冬

2. 读多音节词语 50 个（限时 2.5 分钟，共 20 分）

把手	美妙	盆地	逆流	铁道	强盛	凝结
快速	轮廓	居然	酗酒	略微	穷苦	捐献
雄壮	珐琅	配合	号召	约会	北面	反映
一下儿	运动	放心	更加	小孩儿	普遍	亲戚
抓紧	有点儿	讲座	推广	问题	原料	闯荡
酸楚	琐碎	串供	催促	婶婶	揣测	耍弄
惨败	傻眼	死扣儿	崽子	使馆	早产	展览馆

一模一样

3. 朗读（限时 4 分钟，共 30 分）

两个同龄的年轻人同时受雇于一家店铺，并且拿同样的薪水。
可是一段时间后，叫阿诺德的那个小伙子青云直上，而那个叫布鲁诺的小伙子却仍在原地踏步。布鲁诺很不满意老板的不公正待遇。终于有一天他到老板那儿发牢骚了。老板一边耐心地听着他的抱怨，一边在心里盘算着怎样向他解释清楚他和阿诺德之间的差别。

"布鲁诺先生，"老板开口说话了，"您现在到集市上去一下，看看今天早上有什么卖的。"

布鲁诺从集市上回来向老板汇报说，今早集市上只有一个农民拉了一车土豆在卖。

"有多少？"老板问。

布鲁诺赶快戴上帽子又跑到集上，然后回来告诉老板一共四十袋土豆。

"价格是多少？"

布鲁诺又第三次跑到集上问来了价格。

"好吧，"老板对他说，"现在请您坐到这把椅子上一句话也不要说，看看阿诺德怎么说。"

阿诺德很快就从集市上回来了。向老板汇报说到现在为止只有一个农民在卖土豆，一共四十口袋，价格是多少多少，土豆质量很不错，他带回来一个让老板看看。这个农民一个钟头以后还会弄来几箱西红柿，据他看价格非常公道。昨天他们铺子的西红柿卖得很快，库存已经不//多了。他想这么便宜的西红柿，老板肯定会要进一些的，所以他不仅带回了一个西红柿做样品，而且把那个农民也带来了，他现在正在外面等回话呢。

此时老板转向了布鲁诺，说："现在您肯定知道为什么阿诺德的薪水比您高了吧！"

————节选自张健鹏、胡足青主编《故事时代》中的《差别》

4. 说话（任选一个题目说 3～4 分钟）

（1）我的朋友

（2）我的假日生活

九、普通话朗读篇目练习（文中双斜线后的文章不在测试范围内）

作品1号：海洋与生命

生命在海洋里诞生绝不是偶然的，海洋的物理和化学性质，使它成为孕育原始生命的摇篮。

我们知道，水是生物的重要组成部分，许多动物组织的含水量在百分之八十以上，而一些海洋生物的含水量高达百分之九十五。水是新陈代谢的重要媒介，没有它，体内的一系列生理和生物化学反应就无法进行，生命也就停止。因此，在短时期内动物缺水要比缺少食物更加危险。水对今天的生命是如此重要，它对脆弱的原始生命，更是举足轻重了。生命在海洋里诞生，就不会有缺水之忧。

水是一种良好的溶剂。海洋中含有许多生命所必需的无机盐，如氯化钠、氯化钾、碳酸盐、磷酸盐，还有溶解氧，原始生命可以毫不费力地从中吸取它所需要的元素。

水具有很高的热容量，加之海洋浩大，任凭夏季烈日曝晒，冬季寒风扫荡，它的温度变化却比较小。因此，巨大的海洋就像是天然的"温箱"。是孕育原始生命的温床。

阳光虽然为生命所必需，但是阳光中的紫外线却有扼杀原始生命的危险。水能有效地吸收紫外线，因而又为原始生命提供了天然的"屏障"。

这一切都是原始生命得以产生和发展的必要条件。

——节选自童裳亮《海洋与生命》

作品2号：莫高窟

在浩瀚无垠的沙漠里，有一片美丽的绿洲，绿洲里藏着一颗闪光的珍珠。这颗珍珠就是敦煌莫高窟。它坐落在我国甘肃省敦煌市三危和鸣沙山的怀抱中。

鸣沙山东麓是平均高度为十七米的崖壁。在一千六百多米长的崖壁上，凿有大小洞窟七百余个，形成了规模宏大的石窟群。其中四百九十二个洞窟中，共有彩色塑像两千一百余尊，各种壁画共四万五千多平方米。莫高窟是我国古代无数艺术匠师留给人类的珍贵文化遗产。

莫高窟的彩塑，每一尊都是一件精美的艺术品。最大的有九层楼那么高，最小的还不如一个手掌大。这些彩塑鲜明，神态各异。有慈眉善目的菩萨，有威风凛凛的天王，还有强壮勇猛的力士……

莫高窟壁画的内容丰富多彩，有的是描绘古代劳动人民打猎、捕鱼、耕田、收割的情景，有的是描绘人们奏乐、舞蹈、演杂技的场面，还有的是描绘大自然的美丽风光。其中最引人注目的是飞天。壁画上的飞天，有的臂挎花篮，采摘鲜花；有的反弹琵琶，轻拨银弦；有的倒悬身子，自天而降；有的彩带飘拂，漫天遨游；有的舒展着双臂，翩翩起舞。看着这些精美动人的壁画，就像走进了//灿烂辉煌的艺术殿堂。

莫高窟里还有一个面积不大的洞窟——藏经洞。洞里曾藏有我国古代的各种经卷、文书、帛画、刺绣、铜像等共六万多件。由于清朝政府腐败无能，大量珍贵的文物被外国强盗掠走。仅存的部分经卷，现在陈列于北京故宫等处。

莫高窟是举世闻名的艺术宝库。这里的每一尊彩塑、每一幅壁画、每一件文物，都是中国古代人民智慧的结晶。

——节选自小学《语文》第六册中《莫高窟》

作品3号："能吞能吐"的森林

森林涵养水源，保持水土，防止水旱灾害的作用非常大。据专家测算，一片十万亩面积的森林，相当于一个两百万立方米的水库，这正如农谚所说的："山上多栽树，等于修水库。雨多它能吞，雨少它能吐。"

说起森林的功劳，那还多得很。它除了为人类提供木材及许多种生产、生活的原料之外，在维护生态环境方面也是功劳卓著，它用另一种"能吞能吐"的特殊功能孕育了人类。因为地球在形成之初，大气中的二氧化碳含量很高，氧气很少，气温也高，生物是难以生存的。大约在四亿年之前，陆地才产生了森林。森林慢慢将大气中的二氧化碳吸收，同时吐出新鲜氧气，调节气温：这才具备了人类生存的条件，地球上才最终有了人类。

森林，是地球生态系统的主体，是大自然的总调度室，是地球的绿色之肺。森林维护地球生态环境的这种"能吞能吐"的特殊功能是其他任何物体都不能取代的。然而，由于地球上的燃烧物增多，二氧化碳的排放量急剧增加，使得地球生态环境急剧恶化，主要表现为全球气候变暖，水分蒸发加快，改变了气流的循环，使气候变化加剧，从而引发热浪、飓风、暴雨、洪涝及干旱。

为了//使地球的这个"能吞能吐"的绿色之肺恢复健壮，以改善生态环境，抑制全球变暖，减少水旱等自然灾害，我们应该大力造林、护林，使每一座荒山都绿起来。

——节选自《中考语文课外阅读试题精选》中《"能吞能吐"的森林》

作品 4 号：神秘的"无底洞"

地球上是否真的存在"无底洞"？按说地球是圆的，由地壳、地幔和地核三层组成，真正的"无底洞"是不应存在的，我们所看到的各种山洞、残品、裂缝，甚至火山口也都只是地壳浅部的一种现象。然而中国一些古籍却多次提到海外有个深奥莫测的无底洞。事实上地球上确实有这样一个"无底洞"。

它位于希腊亚各斯古城的海滨。由于濒临大海，大涨潮时，汹涌的海水便会排山倒海般地涌入洞中，形成一股湍湍的急流。据测，每天流入洞内的海水量达三万多吨。奇怪的是，如此大量的海水灌入洞中，却从来没有把洞灌满。曾有人怀疑，这个"无底洞"会不会就像石灰岩地区的漏斗、竖井、落水洞一类的地形。然而从十二世纪三十年代以来，人们就做了多种努力企图寻找它的出口，却都是枉费心机。

为了揭开这个秘密，一九五八年美国地理学会派出一支考察队，他们把一种经久不变的带色染料溶解在海水中，观察染料是如何随着海水一起沉下去。接着又察看了附近海面以及岛上的各条河、湖，满怀希望地寻找这种带颜色的水，结果令人失望。难道是海水量太大把有色水稀释得太淡，以致无法发现？//

至今谁也不知道为什么这里的海水会没完没了地"漏"下去，这个"无底洞"的出口又在哪里，每天大量的海水究竟都流到哪里去了？

——节选自罗伯特·罗威尔《神秘的"无底洞"》

作品 5 号：西部文化和西部开发

中国西部我们通常是指黄河与秦岭相连一线以西，包括西北和西南的十二个省、市、自治区。这块广袤的土地面积为五百四十六万平方公里，占国土总面积的百分之五十七；人口二点八亿，占全国总人口百分之二十三。

西部是华夏文明的源头。华夏祖先的脚步是顺着水边走的：长江上游出土过元谋人牙齿化石，距今约一百七十万年；黄河中游出土过蓝田人头盖骨，距今约七十万年。这两处古人类都比距今约五十万年的北京猿人资格更老。

西部地区是华夏文明的重要发源地，秦皇汉武以后，东西方文化在这里交汇融合，从而有了丝绸之路的驼铃声声，佛院深寺的暮鼓晨钟。敦煌莫高窟是世界文化史上的一个奇迹，它在继承汉晋艺术传统的基础上，形成了自己兼收并蓄的恢宏气度，展现出精美绝伦的艺术形式和博大精深的文化内涵。秦始皇兵马俑、西夏王陵、楼兰古国、布达拉宫、三星堆、大足石刻等历史文化遗产，同样为世界所瞩目，成为中华文化重要的象征。

西部地区又是少数民族及其文化的集萃地，几乎包括了我国所有的少数民族。在一些偏远的少数民族地区，仍保留 // 了一些久远时代的艺术品种，成为珍贵的"活化石"，如纳西古乐、戏曲、剪纸、刺绣、岩画等民间艺术和宗教艺术。特色鲜明、丰富多彩，犹如一个巨大的民族民间文化艺术宝库。

我们要充分重视和利用这些得天独厚的资源优势，建立良好的民族民间文化生态环境，为西部大开发做出贡献。

——节选自《中考语文课外阅读试题精选》中《西部文化和西部开发》

作品 6 号：中国的宝岛——台湾

中国的第一大岛、台湾省的主岛台湾，位于中国大陆架的东南方，地处东海和南海之间，隔着台湾海峡和大陆相望。天气晴朗的时候，站在福建沿海较高的地方，就可以隐隐约约地望见岛上的高山和云朵。

台湾岛形状狭长，从东到西，最宽处只有一百四十多公里；由南到北，最长的地方约有三百九十多公里。地形像一个纺织用的梭子。

台湾岛上的山脉纵贯南北，中间的中央山脉犹如全岛的脊梁。西部为海拔近四千米的玉山山脉，是中国东部的最高峰。全岛约有三分之一的地方是平地，其余为山地。岛内有缎带般的瀑布，蓝宝石似的湖泊，四季常青的森林和果园，自然景色十分优美。西南部的阿里山和日月潭，台北市郊的大屯山风景区，都是闻名世界的游览胜地。

台湾岛地处热带和温带之间，四面环海，雨水充足，气温受到海洋的调剂，冬暖夏凉，四季如春，这给水稻和果木生长提供了优越的条件。水稻、甘蔗、樟脑是台湾的"三宝"。岛上还盛产鲜果和鱼虾。

台湾岛还是一个闻名世界的"蝴蝶王国"。岛上的蝴蝶共有四百多个品种，其中有不少是世界稀有的珍贵品种。岛上还有不少鸟语花香的蝴//蝶谷，岛上居民利用蝴蝶制作的标本和艺术品，远销许多国家。

——节选自《中国的宝岛——台湾》

作品 7 号：读书人是幸福人

我常想读书人是世间幸福人，因为他除了拥有现实的世界之外，还拥有另一个更为浩瀚也更为丰富的世界。现实的世界是人人都有的，而后一个世界却为读书人所独有。由此我想，那些失去或不能阅读的人是多么的不幸，他们的丧失是不可补偿的。世间有诸多的不平等，财富的不平等，权力的不平等，而阅读能力的拥有或丧失却体现为精神的不平等。

一个人的一生，只能经历自己拥有的那一份欣悦，那一份苦难，也许再加上他亲自闻知的那一些关于自身以外的经历的经验。然而，人们通过阅读，却能进入不同时空的诸多他人的世界。这样，具有阅读能力的人，无形间获得了超越有限生命的无限可能性。阅读不仅使他多识了草木虫鱼之名，而且可以上溯远古下及未来，饱览存在的与非存在的奇风异俗。

更为重要的是，读书加惠于人们的不仅是知识的增广，而且还在于精神的感化与陶冶。人们从读书学做人，从那些往哲先贤以及当代才俊的著述中学得他们的人格。人们从《论语》中学得智慧的思考，从《史记》中学得严肃的历史精神，从《正气歌》中学得人格的刚烈，从马克思学得人世//的激情，从鲁迅学得批判精神，从托尔斯泰学得道德的执着。歌德的诗句刻写着睿智的人生，拜伦的诗句呼唤着奋斗的热情。一个读书人，一个有机会拥有超乎个人生命体验的幸运人。

——节选自谢冕《读书人是幸福人》

作品 8 号：国家荣誉感

一个大问题一直盘踞在我脑袋里：

世界杯怎么会有如此巨大的吸引力？除去足球本身的魅力之外，还有什么超乎其上而更伟大的东西？

近来观看世界杯，忽然从中得到了答案：是由于一种无上崇高的精神情感——国家荣誉感！

地球上的人都会有国家的概念，但未必时时都有国家的感情。往往人到异国，思念家乡，心怀故国，这国家概念就变得有血有肉，爱国之情来得非常具体。而现代社会，科技昌达，信息快捷，事事上网，世界真是太小太小，国家的界限似乎也不那么清晰了。再说足球正在快速世界化，平日里各国球员频繁转会，往来随意，致使越来越多的国家联赛都具有国际的因素。球员们不论国籍，只效力于自己的俱乐部，他们比赛时的激情中完全没有爱国主义的因子。

然而，到了世界杯大赛，天下大变。各国球员都回国效力，穿上与光荣的国旗同样色彩的服装。在每一场比赛前，还高唱国歌以宣誓对自己祖国的热爱与忠诚。一种血缘情感开始在全身的血管里燃烧起来，而且立刻热血沸腾。

在历史时代，国家间经常发生对抗，好男儿戎装卫国。国家的荣誉往往需要以自己的生命去//换取。但在和平时代，唯这种国家之间大规模对抗性的大赛，才可以唤起那种遥远而神圣的情感，那就是：为祖国而战！

——节选自冯骥才《国家荣誉感》

作品 9 号：态度创造快乐

一位访美中国女作家，在纽约遇到一位卖花的老太太。老太太穿着破旧，身体虚弱，但脸上的神情却是那样祥和兴奋。女作家挑了一朵花说："看起来，你很高兴。"老太太面带微笑地说："是的，一切都这么美好，我为什么不高兴呢？""对烦恼，你倒真能看得开。"女作家又说了一句。没料到，老太太的回答更令女作家大吃一惊："耶稣在星期五被钉上十字架时，是全世界最糟糕的一天，可三天后就是复活节。所以，当我遇到不幸时，就会等待三天，这样一切就恢复正常了。"

"等待三天"，多么富于哲理的话语，多么乐观的生活方式。它把烦恼和痛苦抛下，全力去收获快乐。

沈从文在"文革"期间，陷入了非人的境地。可他毫不在意，他在咸宁时给他的表侄、画家黄永玉写信说："这里的荷花真好，你若来……"身陷苦难却仍为荷花的盛开欣喜赞叹不已，这是一种趋于澄明的境界，一种旷达洒脱的胸襟，一种面临磨难坦荡从容的气度。一种对生活童子般的热爱和对美好事物无限向往的生命情感。

由此可见，影响一个人快乐的，有时并不是困境及磨难，而是一个人的心态。如果把自己浸泡在积极、乐观、向上的心态中，快乐必然会//占据你的每一天。

——节选自《态度创造快乐》

作品 10 号：提醒幸福

享受幸福是需要学习的，当它即将来临的时刻需要提醒。人可以自然而然地学会感官的享乐，人却无法天生地掌握幸福的韵律。灵魂的快意同器官的舒适像一对孪生兄弟，时而相傍相依，时而南辕北辙。

幸福是一种心灵的震颤。它像会倾听音乐的耳朵一样，需要不断地训练。

简而言之，幸福就是没有痛苦的时刻。它出现的频率并不像我们想象的那样少。人们常常只是在幸福的金马车已经驶过去很远，才拣起地上的金鬃毛说，原来我见过它。

人们喜爱回味幸福的标本，却忽略它披着露水散发清香的时刻。那时候我们往往步履匆匆，瞻前顾后不知在忙着什么。

世上有预报台风的，有预报蝗虫的，有预报瘟疫的，有预报地震的。没有人预报幸福。其实幸福和世界万物一样，有它的征兆。

幸福常常是朦胧的，很有节制地向我们喷洒甘霖。你不要总希望轰轰烈烈的幸福，它多半只是悄悄地扑面而来。你也不要企图把水龙头拧得更大，那样它会很快地流失。你需要静静地以平和之心，体验它的真谛。

幸福绝大多数是朴素的。它不会像信号弹似的，在很高的天际闪烁红色的光芒。它披着本色的外衣，亲//切温暖地包裹起我们。

幸福不喜欢喧嚣浮华，它常常在暗淡中降临。贫困中相濡以沫的一块糕饼，患难中心心相印的一个眼神，父亲一次粗糙的抚摸，女友一个温馨的字条……这都是千金难买的幸福啊。像一粒粒缀在旧绸子上的红宝石，在凄凉中愈发熠熠夺目。

——节选自毕淑敏《提醒幸福》

作品 11 号：朋友和其他

朋友即将远行。

暮春时节，又邀了几位朋友在家小聚。虽然都是极熟的朋友，却是终年难得一见，偶尔电话里相遇，也无非是几句寻常话。一锅小米稀饭，一碟大头菜，一盘自家酿制的泡菜，一只巷口买回的烤鸭，简简单单，不像请客，倒像家人团聚。

其实，友情也好，爱情也好，久而久之都会转化为亲情。

说也奇怪，和新朋友会谈文学、谈哲学、谈人生道理等等，和老朋友却只话家常，柴米油盐，细细碎碎，种种琐事。很多时候，心灵的契合已经不需要太多的言语来表达。

　　朋友新烫了个头，不敢回家见母亲，恐怕惊骇了老人家，却欢天喜地来见我们，老朋友颇能以一种趣味性的眼光欣赏这个改变。

　　年少的时候，我们差不多都在为别人而活，为苦口婆心的父母活，为循循善诱的师长活，为许多观念、许多传统的约束力而活。年岁逐增，渐渐挣脱外在的限制与束缚，开始懂得为自己活，照自己的方式做一些自己喜欢的事，不在乎别人的批评意见，不在乎别人的诋毁流言，只在乎那一分随心所欲的舒坦自然。偶尔，也能够纵容自己放浪一下，并且有一种恶作剧的窃喜。

　　就让生命顺其自然，水到渠成吧，犹如窗前的//乌桕，自生自落之间，自有一分圆融丰满的喜悦。春雨轻轻落着，没有诗，没有酒，有的只是一分相知相属的自在自得。

　　夜色在笑语中渐渐沉落，朋友起身告辞，没有挽留，没有送别，甚至也没有问归期。

　　已经过了大喜大悲的岁月，已经过了伤感流泪的年华，知道了聚散原来是这样的自然和顺理成章，懂得这点，便懂得珍惜每一次相聚的温馨，离别便也欢喜。

　　　　　　　　　　　　　　——节选自杏林子《朋友和其他》

作品 12 号：我为什么当教师

　　我为什么非要教书不可？是因为我喜欢当教师的时间安排表和生活节奏。七、八、九三个月给我提供了进行回顾、研究、写作的良机，并将三者有机融合，而善于回顾、研究和总结正是优秀教师素质中不可缺少的成分。

　　干这行给了我多种多样的"甘泉"去品尝，找优秀的书籍去研读，到"象牙塔"和实际世界里去发现。教学工作给我提供了继续学习的时间保证，以及多种途径、机遇和挑战。

　　然而，我爱这一行的真正原因，是爱我的学生。学生们在我的眼前成长、变化。当教师意味着亲历"创造"过程的发生——恰似亲手赋予一团泥土以生命，没有什么比目睹它开始呼吸更激动人心的了。

　　权利我也有了：我有权利去启发诱导，去激发智慧的火花，去问费心思考的问题，去赞扬回答的尝试，去推荐书籍，去指点迷津。还有什么别的权利能与之相比呢？

而且，教书还给我金钱和权利之外的东西，那就是爱心。不仅有对学生的爱，对书籍的爱，对知识的爱，还有教师才能感受到的对"特别"学生的爱。这些学生，有如冥顽不灵的泥块，由于接受了老师的炽爱才勃发了生机。

所以，我爱教书，还因为，在那些勃发生机的"特别"学//生身上，我有时发现自己和他们呼吸相通，忧乐与共。

——节选自[美]彼得·基·贝得勒《我为什么当教师》

作品 13 号：最糟糕的发明

在一次名人访问中，被问及上个世纪最重要的发明是什么时，有人说是电脑，有人说是汽车，等等。但新加坡的一位知名人士却说是冷气机。他解释，如果没有冷气，热带地区如东南亚国家，就不可能有很高的生产力，就不可能达到今天的生活水准。他的回答实事求是，有理有据。

看了上述报道，我突发奇想：为什么没有记者问："二十世纪最糟糕的发明是什么？"其实二〇〇二年十月中旬，英国的一家报纸就评出了"人类最糟糕的发明"。获此"殊荣"的，就是人们每天大量使用的塑料袋。

诞生于上个世纪三十年代的塑料袋，其家族包括用塑料制成的快餐饭盒、包装纸、餐用杯盘、饮料瓶、酸奶杯、雪糕杯等等。这些废弃物形成的垃圾，数量多、体积大、重量轻、不降解，给治理工作带来很多技术难题和社会问题。

比如，散落在田间、路边及草丛中的塑料餐盒，一旦被牲畜吞食，就会危及健康甚至导致死亡。填埋废弃塑料袋、塑料餐盒的土地，不能生长庄稼和树木，造成土地板结。而焚烧处理这些塑料垃圾，则会释放出多种化学有毒气体，其中一种称为二噁英的化合物，毒性极大。

此外，在生产塑料袋、塑料餐盒的//过程中使用的氟利昂，对人体免疫系统和生态环境造成的破坏也极为严重。

——节选自林光如《最糟糕的发明》

作品 14 号：站在历史的枝头微笑

人活着，最要紧的是寻觅到那片代表着生命绿色和人类希望的丛林，然后选一高高的枝头站在那里观览人生，消化痛苦，孕育歌声，愉悦世界！

这可真是一种潇洒的人生态度，这可真是一种心境爽朗的情感风貌。

站在历史的枝头微笑，可以减免许多烦恼。在那里，你可以从众生相所包含的甜酸苦辣、百味人生中寻找你自己；你境遇中的那点痛苦，也许相比之下，再也难以占据一席之地；你会较容易地获得从不悦中解脱灵魂的力量，使之不致变得灰色。

人站得高些，不但能有幸早些领略到希望的曙光，还能有幸发现生命的立体的诗篇。每一个人的人生，都是这诗篇中的一个词、一个句子或者一个标点。你可能没有成为一个美丽的词，一个引人注目的句子，一个惊叹号，但你依然是这生命的立体诗篇中的一个音节、一个停顿、一个必不可少的组成部分。这足以使你放弃前嫌，萌生为人类孕育新的歌声的兴致，为世界带来更多的诗意。

最可怕的人生见解，是把多维的生存图景看成平面。因为那平面上刻下的大多是凝固了的历史——过去的遗迹；但活着的人们，活得却是充满着新生智慧的，由//不断逝去的"现在"组成的未来。人生不能像某些鱼类躺着游，人生也不能像某些兽类爬着走，而应该站着向前行，这才是人类应有的生存姿态。

——节选自[美]本杰明·拉什《站在历史的枝头微笑》

作品 15 号：中国的牛

对于中国的牛，我有着一种特别尊敬的感情。

留给我印象最深的，要算在田垄上的一次"相遇"。

一群朋友郊游，我领头在狭窄的阡陌上走，怎料迎面来了几头耕牛，狭道容不下人和牛，终有一方要让路。它们还没有走近，我们已经预计斗不过畜生，恐怕难免踩到田地泥水里，弄得鞋袜又泥又湿了。正踟蹰的时候，带头的一头牛，在离我们不远的地方停下来，抬起头看看，稍迟疑一下，就自动走下田去。一队耕牛，全跟着它离开阡陌，从我们身边经过。

我们都呆了，回过头来，看着深褐色的牛队，在路的尽头消失，忽然觉得自己受了很大的恩惠。

中国的牛，永远沉默地为人做着沉重的工作。在大地上，在晨光或烈日下，它拖着沉重的犁，低头一步又一步，拖出了身后一列又一列松土，好让人们下种。等到满地金黄或农闲时候，它可能还得担当搬运负重的工作；或终日绕着石磨，朝同一方向，走不计程的路。

在它沉默的劳动中，人便得到应得的收成。

那时候，也许，它可以松一肩重担，站在树下，吃几口嫩草。偶尔摇摇尾巴，摆摆耳朵，赶走飞附身上的苍蝇，已经算是它最闲适的生活了。

中国的牛，没有成群奔跑的习//惯，永远沉沉实实的。默默地工作，平心静气，这就是中国的牛。

——节选自小思《中国的牛》

作品 16 号：野草

有这样一个故事。

有人问：世界上什么东西的气力最大？回答纷纭得很，有的说"象"，有的说"狮"，有人开玩笑似的说：是"金刚"，金刚有多少气力，当然大家全不知道。

结果，这一切答案完全不对，世界上气力最大的，是植物的种子。一粒种子所可以显现出来的力，简直是超越一切。

人的头盖骨，结合得非常致密与坚固，生理学家和解剖学者用尽了一切的方法，要把它完整地分出来，都没有这种力气。后来忽然有人发明了一个方法，就是把一些植物的种子放在要剖析的头盖骨里，给它以温度与湿度，使它发芽。一发芽，这些种子便以可怕的力量，将一切机械力所不能分开的骨骼，完整地分开了。植物种子的力量之大，如此如此。

这，也许特殊了一点儿，常人不容易理解。那么，你看见过笋的成长吗？你看见过被压在瓦砾和石块下面的一棵小草的生长吗？它为着向往阳光，为着达成它的生之意志，不管上面的石块如何重，石与石之间如何狭，它必定要曲曲折折地，但是顽强不屈地透到地面上来。它的根往土壤钻，它的芽往地面挺，这是一种不可抗拒的力，阻止它的石块，结果也被它掀翻，一粒种子的力量之大，如//此如此。

没有一个人将小草叫作"大力士"，但是它的力量之大，的确是世界无比。这种力，是一般人看不见的生命力。只要生命存在，这种力就要显现。上面的石块，丝毫不足以阻挡。因为它是一种"长期抗战"的力；有弹性，能屈能伸的力；有韧性，不达目的不止的力。

——节选自夏衍《野草》

作品 17 号：喜悦

高兴，这是一种具体的被看得到摸得着的事物所唤起的情绪。它是心理的，更是生理的。它容易来也容易去，谁也不应该对它视而不见失之交臂，谁也不应该总是做那些使自己不高兴也使旁人不高兴的事。让我们说一件最容易做也最令人高兴的事吧，尊重你自己，也尊重别人，这是每一个人的权利，我还要说这是每一个人的义务。

快乐，它是一种富有概括性的生存状态、工作状态。它几乎是先验的，它来自生命本身的活力，来自宇宙、地球和人间的吸引，它是世界的丰富、绚丽、阔大、悠久的体现。快乐还是一种力量，是埋在地下的根。消灭一个人的快乐比挖掘掉一棵大树的根要难得多。

欢欣，这是一种青春的、诗意的情感。它来自面向着未来伸开双臂奔跑的冲力，它来自一种轻松而又神秘、朦胧而又隐秘的激动，它是激情即将到来的预兆，它又是大雨过后的比下雨还要美妙得多也久远得多的回味……

喜悦，它是一种带有形而上色彩的修养和境界。与其说它是一种情绪，不如说它是一种智慧、一种超拔、一种悲天悯人的宽容和理解，一种饱经沧桑的充实和自信，一种光明的理性，一种坚定//的成熟，一种战胜了烦恼和庸俗的清明澄澈。它是一潭浅水，它是一抹朝霞，它是无边的平原，它是沉默的地平线。多一点儿、再多一点儿喜悦吧，它是翅膀，也是归巢。它是一杯美酒，也是一朵永远开不败的莲花。

——节选自王蒙《喜悦》

作品 18 号：我的信念

生活对于任何人都非易事，我们必须有坚韧不拔的精神。最要紧的，还是我们自己要有信心。我们必须相信，我们对每一件事情都具有天赋的才能，并且，无论付出任何代价，都要把这件事完成。当事情结束的时候，你要能问心无愧地说："我已经尽我所能了。"

有一年的春天，我因病被迫在家里休息数周。我注视着我的女儿们所养的蚕正在结茧，这使我很感兴趣。望着这些蚕执着地、勤奋地工作，我感到我和它们非常相似。像它们一样，我总是耐心地把自己的努力集中在一个目标上。我之所以如此，或许是因为有某种力量在鞭策着我——正如蚕被鞭策着去结茧一般。

近五十年来，我致力于科学研究，而研究，就是对真理的探讨。我有许多美好快乐的记忆。少女时期我在巴黎大学，孤独地过着求学的岁月；在后来献身科学的整个时期，我丈夫和我专心致志，像在梦幻中一般，坐在简陋的书房里艰辛地研究，后来我们就在那里发现了镭。

我永远追求安静的工作和简单的家庭生活。为了实现这个理想，我竭力保持宁静的环境，以免受人事的干扰和盛名的拖累。

我深信，在科学方面我们有对事业而不//是对财富的兴趣。我的唯一奢望是在一个自由国家中，以一个自由学者的身份从事研究工作。

我一直沉醉于世界的优美之中，我所热爱的科学也不断增加它崭新的远景。我认定科学本身就具有伟大的美。

——节选自[波兰]玛丽·居里《我的信念》，剑捷译

作品 19 号：差别

两个同龄的年轻人同时受雇于一家店铺，并且拿同样的薪水。

可是一段时间后，叫阿诺德的那个小伙子青云直上，而那个叫布鲁诺的小伙子却仍在原地踏步。布鲁诺很不满意老板的不公正待遇。终于有一天他到老板那儿发牢骚了。老板一边耐心地听着他的抱怨，一边在心里盘算着怎样向他解释清楚他和阿诺德之间的差别。

"布鲁诺先生，"老板开口说话了，"您现在到集市上去一下，看看今天早上有什么卖的。"

布鲁诺从集市上回来向老板汇报说，今早集市上只有一个农民拉了一车土豆在卖。

"有多少？"老板问。

布鲁诺赶快戴上帽子又跑到集上，然后回来告诉老板一共四十袋土豆。

"价格是多少？"

布鲁诺又第三次跑到集上问来了价格。

"好吧，"老板对他说，"现在请您坐到这把椅子上一句话也不要说，看看阿诺德怎么说。"

阿诺德很快就从集市上回来了。向老板汇报说到现在为止只有一个农民在卖土豆，一共四十口袋，价格是多少多少；土豆质量很不错，他带回来一个让老板看看。这个农民一个钟头以后还会弄来几箱西红柿，据他看价格非常公道。昨天他们铺子的西红柿卖得很快，库存已经不//多了。他想这么便宜的西红柿，老板肯定会要进一些的，所以他不仅带回了一个西红柿做样品，而且把那个农民也带来了，他现在正在外面等回话呢。

此时老板转向了布鲁诺，说："现在您肯定知道为什么阿诺德的薪水比您高了吧！"

　　——节选自张健鹏、胡足青主编《故事时代》中的《差别》

作品 20 号：一个美丽的故事

有个塌鼻子的小男孩儿，因为两岁时得过脑炎，智力受损，学习起来很吃力。打个比方，别人写作文能写二三百字，他却只能写三五行。但即便这样的作文，他同样能写得很动人。

那是一次作文课，题目是《愿望》。他极其认真地想了半天，然后极认真地写，那作文极短。只有三句话：我有两个愿望，第一个是，妈妈天天笑眯眯地看着我说："你真聪明。"第二个是，老师天天笑眯眯地看着我说："你一点也不笨。"

于是，就是这篇作文，深深地打动了他的老师，那位妈妈式的老师不仅给了他最高分，在班上带感情朗诵了这篇作文，还一笔一画地批道：你很聪明，你的作文写得非常感人，请放心，妈妈肯定会格外喜欢你的，老师肯定会格外喜欢你的，大家肯定会格外喜欢你的。

捧着作文本，他笑了，蹦蹦跳跳地回家了，像只喜鹊。但他并没有把作文本拿给妈妈看，他是在等待，等待着一个美好的时刻。

那个时刻终于到了，是妈妈的生日——一个阳光灿烂的星期天：那天，他起得特别早，把作文本装在一个亲手做的美丽的大信封里，等着妈妈醒来。妈妈刚刚睁眼醒来，他就笑眯眯地走到妈妈跟前说："妈妈，今天是您的生日，我要//送给您一件礼物。"

果然，看着这篇作文，妈妈甜甜地涌出了两行热泪，一把搂住小男孩儿，搂得很紧很紧。

是的，智力可以受损，但爱永远不会。

——节选自张玉庭《一个美丽的故事》

作品 21 号：天才的造就

在里约热内卢的一个贫民窟里，有一个男孩子，他非常喜欢足球，可是又买不起，于是就踢塑料盒，踢汽水瓶，踢从垃圾箱里拣来的椰子壳。他在胡同里踢，在能找到的任何一片空地上踢。

有一天，当他在一处干涸的水塘里猛踢一个猪膀胱时，被一位足球教练看见了。他发现这个男孩儿踢得很像是那么回事，就主动提出要送给他一个足球。小男孩儿得到足球后踢得更卖劲了。不久，他就能准确地把球踢进远处随意摆放的一个水桶里。

圣诞节到了，孩子的妈妈说："我们没有钱买圣诞礼物送给我们的恩人，就让我们为他祈祷吧。"

小男孩儿跟随妈妈祈祷完毕，向妈妈要了一把铲子便跑了出去。他来到一座别墅前的花园里，开始挖坑。

就在他快要挖好坑的时候，从别墅里走出一个人来，问小孩儿在干什么，孩子抬起满是汗珠的脸蛋儿，说："教练，圣诞节到了，我没有礼物送给您，我愿给您的圣诞树挖一个树坑。"

教练把小男孩儿从树坑里拉上来，说，我今天得到了世界上最好的礼物。明天你就到我的训练场去吧。

三年后，这位十七岁的男孩儿在第六届足球锦标赛上独进二十一球，为巴西第一次捧回了金杯。一个原//来不为世人所知的名字——贝利，随之传遍世界。

——节选自刘燕敏《天才的造就》

作品 22 号：达瑞的故事

在达瑞八岁的时候，有一天他想去看电影。因为没有钱，他想是向爸妈要钱，还是自己挣钱。最后他选择了后者。他自己调制了一种汽水，向过路的行人出售。可那时正是寒冷的冬天，没有人买，只有两个人例外——他的爸爸和妈妈。

他偶然有一个和非常成功的商人谈话的机会。当他对商人讲述了自己的"破产史"后，商人给了他两个重要的建议：一是尝试为别人解决一个难题；二是把精力集中在你知道的、你会的和你拥有的东西上。

这两个建议很关键。因为对于一个八岁的孩子而言，他不会做的事情很多。于是他穿过大街小巷，不停地思考：人们会有什么难题，他又如何利用这个机会？

一天，吃早饭时父亲让达瑞去取报纸。美国的送报员总是把报纸从花园篱笆的一个特制的管子里塞进来。假如你想穿着睡衣舒舒服服地吃早饭和看报纸，就必须离开温暖的房间，冒着寒风，到花园去取。虽然路短，但十分麻烦。

当达瑞为父亲取报纸的时候，一个主意诞生了。当天他就按响邻居的门铃，对他们说，每个月只需付给他一美元，他就每天早上把报纸塞到他们的房门底下。大多数人都同意了，很快他有//了七十多个顾客。一个月后，当他拿到自己赚的钱时，觉得自己简直是飞上了天。

很快他又有了新的机会，他让他的顾客每天把垃圾袋放在门前，然后由他早上运到垃圾桶里，每个月加一美元。之后他还想出了许多孩子赚钱的办法，并把它集结成书，书名为《儿童挣钱的二百五十个主意》。为此，达瑞十二岁时就成了畅销书作家，十五岁有了自己的谈话节目，十七岁就拥有了几百万美元。

——节选自［德］博多·舍费尔《达瑞的故事》，刘志明译

作品23号：二十美金的价值

一天，爸爸下班回到家已经很晚了，他很累也有点儿烦，他发现五岁的儿子靠在门旁正等着他。

"爸，我可以问您一个问题吗？"

"什么问题？""爸，您一小时可以赚多少钱？""这与你无关，你为什么问这个问题？"父亲生气地说。

"我只是想知道，请告诉我，您一小时赚多少钱？"小孩儿哀求道。"假如你一定要知道的话，我一小时赚二十美金。"

"哦，"小孩儿低下了头，接着又说，"爸，可以借我十美金吗？"父亲发怒了："如果你只是要借钱去买毫无意义的玩具的话，给我回到你的房间睡觉去。好好想想为什么你会那么自私。我每天辛苦工作，没时间和你玩儿小孩子的游戏。"

小孩儿默默地回到自己的房间关上门。

父亲坐下来还在生气。后来，他平静下来了。心想他可能对孩子太凶了——或许孩子真的很想买什么东西，再说他平时很少要过钱。

父亲走进孩子的房间："你睡了吗？""爸，还没有，我还醒着。"孩子回答。

"我刚才可能对你太凶了，"父亲说，"我不应该发那么大的火儿——这是你要的十美金。""爸，谢谢您。"孩子高兴地从枕头下拿出一些被弄皱的钞票，慢慢地数着。

"为什么你已经有钱了还要？"父亲不解地问。

"因为原来不够，但现在凑够了。"孩子回答："爸，我现在有//二十美金了，我可以向您买一个小时的时间吗？明天请早一点儿回家——我想和您一起吃晚餐。"

——节选自唐继柳编译《二十美金的价值》

作品 24 号：父亲的爱

爸不懂得怎样表达爱，使我们一家人融洽相处的是我妈。他只是每天上班下班，而妈则把我们做过的错事开列清单，然后由他来责骂我们。

有一次我偷了一块糖果，他要我把它送回去，告诉卖糖的说是我偷来的，说我愿意替他拆箱卸货作为赔偿。但妈妈却明白我只是个孩子。

我在运动场打秋千跌断了腿，在前往医院途中一直抱着我的，是我妈。爸把汽车停在急诊室门口，他们叫他驶开，说那空位是留给紧急车辆停放的。爸听了便叫嚷道："你以为这是什么车？旅游车？"

在我生日会上，爸总是显得有些不大相称。他只是忙于吹气球，布置餐桌，做杂务。把插着蜡烛的蛋糕推过来让我吹的，是我妈。

我翻阅照相册时，人们总是问："你爸爸是什么样子的？"天晓得！他老是忙着替别人拍照。妈和我笑容可掬地一起拍的照片，多得不可胜数。

我记得妈有一次叫他教我骑自行车。我叫他别放手，但他却说是应该放手的时候了。我摔倒之后，妈跑过来扶我，爸却挥手要她走开。我当时生气极了，决心要给他点儿颜色看。于是我马上爬上自行车，而且自己骑给他看。他只是微笑。

我念大学时，所有的家信都是妈写的。他//除了寄支票外，还寄过一封短柬给我，说因为我不在草坪上踢足球了，所以他的草坪长得很美。

每次我打电话回家，他似乎都想跟我说话，但结果总是说："我叫你妈来接。"

我结婚时，掉眼泪的是我妈。他只是大声擤了一下鼻子，便走出房间。

我从小到大都听他说："你到哪里去？什么时候回家？汽车有没有汽油？不，不准去。"爸完全不知道怎样表达爱。除非……

会不会是他已经表达了，而我却未能察觉？

——节选自［美］艾尔玛·邦贝克《父亲的爱》

作品 25 号：迷途笛音

那年我六岁。离我家仅一箭之遥的小山坡旁，有一个早已被废弃的采石场，双亲从来不准我去那儿，其实那儿风景十分迷人。

一个夏季的下午，我随着一群小伙伴偷偷上那儿去了。就在我们穿越了一条孤寂的小路后，他们却把我一个人留在原地，然后奔向"更危险的地带"了。

等他们走后，我惊慌失措地发现，再也找不到要回家的那条孤寂的小道了。像只无头的苍蝇，我到处乱钻，衣裤上挂满了芒刺。太阳已经落山，而此时此刻，家里一定开始吃晚餐了，双亲正盼着我回家……想着想着，我不由得背靠着一棵树，伤心地呜呜大哭起来……

突然，不远处传来了声声柳笛。我像找到了救星，急忙循声走去。一条小道边的树桩上坐着一位吹笛人，手里还正削着什么。走近细看，他不就是被大家称为"乡巴佬儿"的卡廷吗？

"你好，小家伙儿，"卡廷说，"看天气多美，你是出来散步的吧？"

我怯生生地点点头，答道："我要回家了。"

"请耐心等上几分钟，"卡廷说，"瞧，我正在削一支柳笛，差不多就要做好了，完工后就送给你吧！"

卡廷边削边不时把尚未成形的柳笛放在嘴里试吹一下。没过多久，一支柳笛便递到我手中。我俩在一阵阵清脆悦耳的笛音//中，踏上了归途……

当时，我心中只充满感激，而今天，当我自己也成了祖父时，却突然领悟到他用心之良苦！那天当他听到我的哭声时，便判定我一定迷了路，但他并不想在孩子面前扮演"救星"的角色，于是吹响柳笛以便让我能发现他，并跟着他走出困境！卡廷先生以乡下人的纯朴，保护了一个小男孩强烈的自尊。

——节选自唐若水译《迷途笛音》

作品 26 号：我的母亲独一无二

记得我十三岁时，和母亲住在法国东南部的耐斯城。母亲没有丈夫，也没有亲戚，够清苦的，但她经常能拿出令人吃惊的东西，摆在我面前。她从来不吃肉，一再说自己是素食者。然而有一天，我发现母亲正仔细地用一小块碎面包擦那给我煎牛排用的油锅。我明白了她称自己为素食者的真正原因。

我十六岁时，母亲成了耐斯市美蒙旅馆的女经理。这时，她更忙碌了。一天，她瘫在椅子上，脸色苍白，嘴唇发灰。马上找来医生，做出诊断：她摄取了过多的胰岛素。直到这时我才知道母亲多年一直对我隐瞒的疾痛——糖尿病。

她的头歪向枕头一边，痛苦地用手抓挠胸口。床架上方，则挂着一枚我一九三二年赢得耐斯市少年乒乓球冠军的银质奖章。

啊，是对我的美好前途的憧憬支撑着她活下去，为了给她那荒唐的梦至少加一点真实的色彩，我只能继续努力，与时间竞争，直至一九三八年我被征入空军。巴黎很快失陷，我辗转调到英国皇家空军。刚到英国就接到了母亲的来信。这些信是由在瑞士的一个朋友秘密地转到伦敦，送到我手中的。

现在我要回家了，胸前佩带着醒目的绿黑两色的解放十字绶//带，上面挂着五六枚我终生难忘的勋章，肩上还佩戴着军官肩章。到达旅馆时，没有一个人跟我打招呼。原来，我母亲在三年半以前就已经离开人间了。

在她死前的几天中，她写了近二百五十封信，把这些信交给她在瑞士的朋友，请这个朋友定时寄给我。就这样，在母亲死后的三年半的时间里，我一直从她身上吸取着力量和勇气——这使我能够继续战斗到胜利那一天。

——节选自[法]罗曼·加里《我的母亲独一无二》

作品 27 号：永远的记忆

小学的时候，有一次我们去海边远足，妈妈没有做便饭，给了我十块钱买午餐。好像走了很久，很久，终于到海边了，大家坐下来便吃饭，荒凉的海边没有商店，我一个人跑到防风林外面去，级任老师要大家把吃剩的饭菜分给我一点儿。有两三个男生留下一点儿给我，还有一个女生，她的米饭拌了酱油，很香。我吃完的时候，她笑眯眯地看着我，短头发，脸圆圆的。

她的名字叫翁香玉。

每天放学的时候，她走的是经过我们家的一条小路，带着一位比她小的男孩儿，可能是弟弟。小路边是一条清澈见底的小溪，两旁竹阴覆盖，我总是远远地跟在后面。夏日的午后特别炎热，走到半路她会停下来，拿手帕在溪水里浸湿，为小男孩儿擦脸。我也在后面停下来，把肮脏手帕弄湿了擦脸，再一路远远地跟着她回家。

后来我们家搬到镇上去了，过几年我也上了中学。有一天放学回家，在火车上，看见斜对面一位短头发、圆圆脸的女孩，一身素净的白衣黑裙。我想她一定不认识我了。火车很快到站了，我随着人群挤向门口，她也走近了，叫我的名字。这是她第一次和我说话。

她笑眯眯的，和我一起走过月台。以后就没有再见过//她了。

这这篇文章收在我出版的《少年心事》这本书里。

书出版后半年，有一天我忽然收到出版社转来的一封信，信封上是陌生的字迹，但清楚地写着我本名。

信里面说她看到了这篇文章心里非常激动，没想到在离开家乡，漂泊异地这么久之后，会看见自己仍然在一个人的记忆里，她自己也深深记得这其中的每一幕，只是没想到越过遥远的时空，竟然另一个人也深深记得。

——节选自苦伶《永远的记忆》

作品 28 号：火光

很久以前，在一个漆黑的秋天的夜晚，我泛舟在西伯利亚一条阴森森的河上。船到一个转弯处，只见前面黑黢黢的山峰下面一星火光蓦地一闪。

火光又明又亮,好像就在眼前……

"好啦,谢天谢地!"我高兴地说,"马上就到过夜的地方啦!"

船夫扭头朝身后的火光望了一眼,又不以为然地划起桨来。

"远着呢!"

我不相信他的话,因为火光冲破朦胧的夜色,明明在那儿闪烁。不过船夫是对的,事实上,火光的确还远着呢。

这些黑夜的火光的特点是:驱散黑暗,闪闪发亮,近在眼前,令人神往。乍一看,再划几下就到了……其实却还远着呢!……

我们在漆黑如墨的河上又划了很久。一个个峡谷和悬崖,迎面驶来,又向后移去,仿佛消失在茫茫的远方,而火光却依然停在前头,闪闪发亮,令人神往——依然是这么近,又依然是那么远……

现在,无论是这条被悬崖峭壁的阴影笼罩的漆黑的河流,还是那一星明亮的火光,都经常浮现在我的脑际,在这以前和在这以后,曾有许多火光,似乎近在咫尺,不止使我一人心驰神往。可是生活之河却仍然在那阴森森的两岸之间流着,而火光也依旧非常遥远。因此,必须加劲划桨……

然而,火光啊……毕竟……毕竟就……//在前头!……

——节选自[俄]柯罗连科《火光》,张铁夫译

作品 29 号:风筝畅想曲

假日到河滩上转转,看见许多孩子在放风筝。一根根长长的引线,一头系在天上,一头系在地上,孩子同风筝都在天与地之间悠荡,连心也被悠荡得恍恍惚惚了,好像又回到了童年。

儿时放的风筝,大多是自己的长辈或家人编扎的,几根削得很薄的篾,用细纱线扎成各种鸟兽的造型,糊上雪白的纸片,再用彩笔勾勒出面孔与翅膀的图案。通常扎得最多的是"老雕""美人儿""花蝴蝶"等。

我们家前院就有位叔叔,擅扎风筝,远近闻名。他扎得风筝不只体型好看,色彩艳丽,放飞得高远,还在风筝上绷一叶用蒲苇削成的

膜片，经风一吹，发出"嗡嗡"的声响，仿佛是风筝的歌唱，在蓝天下播扬，给开阔的天地增添了无尽的韵味，给驰荡的童心带来几分疯狂。

我们那条胡同的左邻右舍的孩子们放的风筝几乎都是叔叔编扎的。他的风筝不卖钱，谁上门去要，就给谁，他乐意自己贴钱买材料。

后来，这位叔叔去了海外，放风筝也渐与孩子们远离了。不过年年叔叔给家乡写信，总不忘提起儿时的放风筝。香港回归之后，他在家信中说到，他这只被故乡放飞到海外的风筝，尽管飘荡游弋，经沐风雨，可那线头儿一直在故乡和//亲人手中牵着，如今飘得太累了，也该要回归到家乡和亲人身边来了。

是的。我想，不光是叔叔，我们每个人都是风筝，在妈妈手中牵着，从小放到大，再从家乡放到祖国最需要的地方去啊！

——节选自李恒瑞《风筝畅想曲》

作品 30 号：和时间赛跑

读小学的时候，我的外祖母去世了。外祖母生前最疼爱我，我无法排除自己的忧伤，每天在学校的操场上一圈儿又一圈儿地跑着，跑得累倒在地上，扑在草坪上痛哭。

那哀痛的日子，断断续续地持续了很久，爸爸妈妈也不知道如何安慰我。他们知道与其骗我说外祖母睡着了，还不如对我说实话：外祖母永远不会回来了。

"什么是永远不会回来呢？"我问着。

"所有时间里的事物，都永远不会回来。你的昨天过去，它就永远变成昨天，你不能再回到昨天。爸爸以前也和你一样小，现在也不能回到你这么小的童年了；有一天你会长大，你会像外祖母一样老；有一天你度过了你的时间，就永远不会回来了。"爸爸说。

爸爸等于给我一个谜语，这谜语比课本上的"日历挂在墙壁，一天撕去一页，使我心里着急"和"一寸光阴一寸金，寸金难买寸光阴"还让我感到可怕；也比作文本上的"光阴似箭，日月如梭"更让我觉得有一种说不出的滋味。

时间过得那么飞快，使我的小心眼儿里不只是着急，还有悲伤。有一天我放学回家，看到太阳快落山了，就下决心说："我要比太阳更快地回家。"我狂奔回去，站在庭院前喘气的时候，看到太阳//还露着半边脸，我高兴地跳跃起来，那一天我跑赢了太阳。以后我就时常做那样的游戏，有时和太阳赛跑，有时和西北风比快，有时一个暑假才能做完的作业，我十天就做完了；那时我三年级，常常把哥哥五年级的作业拿来做。每一次比赛胜过时间，我就快乐得不知道怎么形容。

如果将来我有什么要教给我的孩子，我会告诉他：假若你一起和时间比赛，你就可以成功！

——节选自林清玄《和时间赛跑》

作品 31 号：胡适的白话电报

三十年代初，胡适在北京大学任教授。讲课时他常常对白话文大加称赞，引起一些只喜欢文言文而不喜欢白话文的学生的不满。

一次，胡适正讲得得意的时候，一位姓魏的学生突然站了起来，生气地问："胡先生，难道说白话文就毫无缺点吗？"胡适微笑着回答说："没有。"那位学生更加激动了："肯定有！白话文废话太多，打电报用字多，花钱多。"胡适的目光顿时变亮了。轻声地解释说："不一定吧！前几天有位朋友给我打来电报，请我去政府部门工作，我决定不去，就回电拒绝了。复电是用白话写的，看来也很省字。请同学们根据我这个意思，用文言文写一个回电，看看究竟是白话文省字，还是文言文省字？"胡教授刚说完，同学们立刻认真地写了起来。

十五分钟过去，胡适让同学举手，报告用字的数目，然后挑了一份用字最少的文言电报稿，电文是这样写的：

"才疏学浅，恐难胜任，不堪从命。"白话文的意思是：学问不深，恐怕很难担任这个工作，不能服从安排。

胡适说，这份写得确实不错，仅用了十二个字。但我的白话电报却只用了五个字：

"干不了，谢谢！"

胡适又解释说："干不了"就有才疏学浅、恐难胜任的意思；"谢谢"既//对朋友的介绍表示感谢，又有拒绝的意思。所以，废话多不多，并不看它是文言文还是白话文，只要注意选用字词，白话文是可以比文言文更省字的。

——节选自陈灼主编《实用汉语中级教程》（上）

中的《胡适的白话电报》

作品 32 号：可爱的小鸟

没有一片绿叶，没有一缕炊烟，没有一粒泥土，没有一丝花香，只有水的世界，云的海洋。

一阵台风袭过，一只孤单的小鸟无家可归，落到被卷到洋里的木板上，乘流而下，姗姗而来，近了，近了！……

忽然，小鸟张开翅膀，在人们头顶盘旋了几圈儿，"噗啦"一声落到了船上。许是累了？还是发现了"新大陆"？水手撵它它不走，抓它，它乖乖地落在掌心。可爱的小鸟和善良的水手结成了朋友。

瞧，它多美丽，娇巧的小嘴，啄理着绿色的羽毛，鸭子样的扁脚，呈现出春草的鹅黄。水手们把它带到舱里，给它"搭铺"，让它在船上安家落户，每天，把分到的一塑料筒淡水匀给它喝，把从祖国带来的鲜美的鱼肉分给它吃，天长日久，小鸟和水手的感情日趋笃厚。清晨，当第一束阳光射进舷窗时，它便敞开美丽的歌喉，唱啊唱，嘤嘤有韵，宛如春水淙淙。人类给它以生命，它毫不悭吝地把自己的艺术青春奉献给了哺育它的人。可能都是这样？艺术家们的青春只会献给尊敬他们的人。

小鸟给远航生活蒙上了一层浪漫色调。返航时，人们爱不释手，恋恋不舍地想把它带到异乡。可小鸟憔悴了，给水，不喝！喂肉，不吃！油亮的羽毛失去了光泽。是啊，我//们有自己的祖国，小鸟也有它的归宿，人和动物都是一样啊，哪儿也不如故乡好！

慈爱的水手们决定放开它，让它回到大海的摇篮去，回到蓝色的故乡去。离别前，这个大自然的朋友与水手们留影纪念。它站在许多人的头上，肩上，掌上，胳膊上，与喂养过它的人们，一起融进那蓝色的画面……

——节选自王文杰《可爱的小鸟》

作品 33 号：坚守你的高贵

　　三百多年前，建筑设计师莱伊恩受命设计了英国温泽市政府大厅。他运用工程力学的知识，依据自己多年的实践，巧妙地设计了只用一根柱子支撑的大厅天花板。一年以后，市政府权威人士进行工程验收时，却说只用一根柱子支撑天花板太危险，要求莱伊恩再多加几根柱子。

　　莱伊恩自信只要一根坚固的柱子足以保证大厅安全，他的"固执"惹恼了市政官员，险些被送上法庭。他非常苦恼，坚持自己原先的主张吧，市政官员肯定会另找人修改设计；不坚持吧，又有悖自己为人的准则。矛盾了很长一段时间，莱伊恩终于想出了一条妙计，他在大厅里增加了四根柱子，不过这些柱子并未与天花板接触，只不过是装装样子。

　　三百多年过去了，这个秘密始终没有被人发现。直到前两年，市政府准备修缮大厅的天花板，才发现莱伊恩当年的"弄虚作假"。消息传出后，世界各国的建筑专家和游客云集，当地政府对此也不加掩饰，在新世纪到来之际，特意将大厅作为一个旅游景点对外开放，旨在引导人们崇尚和相信科学。

　　作为一名建筑师，莱伊恩并不是最出色的。但作为一个人，他无疑非常伟大，这种//伟大表现在他始终恪守着自己的原则，给高贵的心灵一个美丽的住所：哪怕是遭遇到最大的阻力，也要想办法抵达胜利。

——节选自游宇明《坚守你的高贵》

作品 34 号：金子

　　自从传言有人在萨文河畔散步时无意发现了金子后，这里便常有来自四面八方的淘金者。他们都想成为富翁，于是寻遍了整个河床，还在河床上挖出很多大坑，希望借助它们找到更多的金子。的确，有一些人找到了，但另外一些人因为一无所得而只好扫兴归去。

也有不甘心落空的，便驻扎在这里，继续寻找。彼得·弗雷特就是其中一员。他在河床附近买了一块没人要的土地，一个人默默地工作。他为了找金子，已把所有的钱都押在这块土地上。他埋头苦干了几个月，直到土地全变成了坑坑洼洼，他失望了——他翻遍了整块土地，但连一丁点儿金子都没看见。

六个月后，他连买面包的钱都没有了。于是他准备离开这儿到别处去谋生。

就在他即将离去的前一个晚上，天下起了倾盆大雨，并且一下就是三天三夜。雨终于停了，彼得走出小木屋，发现眼前的土地看上去好像和以前不一样：坑坑洼洼已被大水冲刷平整，松软的土地上长出一层绿茸茸的小草。

"这里没找到金子，"彼得忽有所悟地说，"但这土地很肥沃，我可以用来种花，并且拿到镇上去卖给那些富人，他们一定会买些花装扮他们华丽的客厅。//如果真是这样的话，那么我一定会赚许多钱，有朝一日我也会成为富人……"

于是他留了下来。彼得花了不少精力培育花苗，不久田地里长满了美丽鲜艳的各色鲜花。

五年以后，彼得终于实现了他的梦想——成了一个富翁。"我是唯一的一个找到真金的人！"他时常不无骄傲地告诉别人，"别人在这儿找不到金子后便远远地离开，而我的'金子'是在这块土地里，只有诚实的人用勤劳才能采集到。"

——节选自陶猛译《金子》

作品 35 号：捐诚

我在加拿大学习期间遇到过两次募捐，那情景至今使我难以忘怀。

一天，我在渥太华的街上被两个男孩子拦住去路。他们十来岁，穿得整整齐齐，每人头上戴着个做工精巧、色彩鲜艳的纸帽，上面写着"为帮助患小儿麻痹的伙伴募捐。"其中的一个，不由分说就坐在小凳上给我擦起皮鞋来，另一个则彬彬有礼地发问："小姐，您是哪国人？喜欢渥太华吗？""小姐，在你们国家有没有小孩儿患小儿麻痹？谁给他们医疗费？"一连串的问题，使我这个有生以来头一次在众目睽睽之下让别人擦鞋的异乡人，从近乎狼狈的窘态中解脱出来。我们像朋友一样聊起天儿来……

几个月之后，也是在街上。一些十字路口处或车站坐着几位老人。他们满头银发，身穿各种老式军装，上面布满了大大小小形形色色的徽章、奖章，每人手捧一大束鲜花，有水仙、石竹、玫瑰及叫不出名字的，一色雪白。匆匆过往的行人纷纷止步，把钱投进这些老人身旁的白色木箱内，然后向他们微微鞠躬，从他们手中接过一朵花。我看了一会儿，有人投一两元，有人投几百元，还有人掏出支票填好后投进木箱。那些老军人毫不注意人们捐多少钱，一直不//停地向人们低声道谢。同行的朋友告诉我，这是为纪念二次大战中参战的勇士，募捐救济残废军人和烈士遗孀，每年一次；认捐的人可谓踊跃，而且秩序井然，气氛庄严。有些地方，人们还耐心地排着队。我想，这是因为他们都知道：正是这些老人们的流血牺牲换来了包括他们信仰自由在内的许许多多。

我两次把那微不足道的一点钱捧给他们，只想对他们说声"谢谢"。

——节选自青白《捐诚》

作品 36 号：课不能停

纽约的冬天常有大风雪，扑面的雪花不但令人难以睁开眼睛，甚至呼吸都会吸入冰冷的雪花。有时前一天晚上还是一片晴朗，第二天拉开窗帘，却已经积雪盈尺，连门都推不开了。

遇到这样的情况，公司、商店常会停止上班，学校也通过广播，宣布停课。但令人不解的是，唯有公立小学，仍然开放。只见黄色的校车，艰难地在路边接孩子，老师则一大早就口中喷着热气，铲去车子前后的积雪，小心翼翼地开车去学校。

据统计，十年来纽约的公立小学只因为超级暴风雪停过七次课。

这是多么令人惊讶的事。犯得着在大人都无须上班的时候让孩子去学校吗？小学的老师也太倒霉了吧？

于是，每逢大雪而小学不停课时，都有家长打电话去骂。妙的是，每个打电话的人，反应全一样——先是怒气冲冲地责问，然后满口道歉，最后笑容满面地挂上电话。原因是，学校告诉家长：

在纽约有许多百万富翁，但也有不少贫困的家庭。后者白天开不起暖气，供不起午餐，孩子的营养全靠学校里免费的中饭，甚至可以多拿些回家当晚餐。学校停课一天，穷孩子就受一天冻，挨一天饿，所以老师们宁愿自己苦一点儿，也不能停//课。

或许有家长会说：何不让富裕的孩子在家里，让贫穷的孩子去学校享受暖气和营养午餐呢？

学校的答复是：我们不愿让那些穷苦的孩子感到他们是在接受救济，因为施舍的最高原则是保持受施者的尊严。

——节选自刘墉《课不能停》

作品 37 号：麻雀

我打猎归来，沿着花园的林荫路走着。狗跑在我前边。

突然，狗放慢脚步，蹑足潜行，好像嗅到了前边有什么野物。

我顺着林荫路望去，看见了一只嘴边还带黄色、头上生着柔毛的小麻雀。风猛烈地吹打着林荫路上的白桦树，麻雀从巢里跌落下来，呆呆地伏在地上，孤立无援地张开两只羽毛还未丰满的小翅膀。

我的狗慢慢向它靠近。忽然，从附近一棵树上飞下一只黑胸脯的老麻雀，像一颗石子似的落到狗的跟前。老麻雀全身倒竖着羽毛，惊恐万状，发出绝望、凄惨的叫声，接着向露出牙齿、大张着的狗嘴扑去。

老麻雀是猛扑下来救护幼雀的。它用身体掩护着自己的幼儿……但它整个小小的身体因恐怖而战栗着，它小小的声音也变得粗暴嘶哑，它在牺牲自己！

在它看来，狗该是多么庞大的怪物啊！然而，它还是不能站在自己高高的、安全的树枝上……一种比它的理智更强烈的力量，使它从那儿扑下身来。

我的狗站住了，向后退了退……看来，它也感到了这种力量。

我赶紧唤住惊慌失措的狗，然后我怀着崇敬的心情，走开了。

是啊，请不要见笑。我崇敬那只小小的、英勇的鸟儿，我崇敬它那种爱的冲动和力量。

爱，我//想，比死和死的恐惧更强大，只有依靠它，依靠这种爱，生命才能维持下去，发展下去。

——节选自〔俄〕屠格涅夫《麻雀》，巴金译

作品38号：散步

我们在田野散步：我，我的母亲，我的妻子和儿子。

母亲本不愿出来的。她老了，身体不好，走远一点儿就觉得很累。我说，正因为如此，才应该多走走。母亲信服地点点头，便去拿外套。她现在很听我的话，就像我小时候很听她的话一样。

这南方初春的田野，大块小块的新绿随意地铺着，有的浓，有的淡，树上的嫩芽也密了，田里的冬水也咕咕地起着水泡。这一切都使人想着一样东西——生命。

我和母亲走在前面，我的妻子和儿子走在后面。小家伙突然叫起来："前面是妈妈和儿子，后面也是妈妈和儿子。"我们都笑了。

后来发生了分歧：母亲要走大路，大路平顺；我的儿子要走小路，小路有意思。不过，一切都取决于我。我的母亲老了，她早已习惯听从她强壮的儿子；我的儿子还小，他还习惯听从他高大的父亲；妻子呢，在外面，她总是听我的。一霎时我感到了责任的重大。我想找一个两全的办法，找不出；我想拆散一家人，分成两路，各得其所，终不愿意。我决定委屈儿子，因为我伴同他的时日还长。我说："走大路。"

但是母亲摸摸孙儿的小脑瓜，变了主意："还是走小路吧。"她的眼随小路望去：那里有金色的菜花，两行整齐的桑树//尽头一口水波粼粼的鱼塘。"我走不过去的地方，你就背着我。"母亲对我说。

这样，我们在阳光下，向着那菜花、桑树和鱼塘走去。到了一处，我蹲下来，背起了母亲；妻子也蹲下来，背起了儿子。我和妻子都是

慢慢地，稳稳地，走得很仔细，好像我背上的同她背上的加起来，就是整个世界。

——节选自莫怀戚《散步》

作品 39 号：世间最美的坟墓

我在俄国见到的景物再没有比托尔斯泰墓更宏伟、更感人的。

完全按照托尔斯泰的愿望，他的坟墓成了世间最美的，给人印象最深刻的坟墓。它只是树林中的一个小小的长方形土丘，上面开满鲜花——没有十字架，没有墓碑，没有墓志铭，连托尔斯泰这个名字也没有。

这位比谁都感到受自己的声名所累的伟人，却像偶尔被发现的流浪汉，不为人知的士兵，不留名姓地被人埋葬了。谁都可以踏进他最后的安息地，围在四周稀疏的木栅栏是不关闭的——保护列夫·托尔斯泰得以安息的没有任何别的东西，唯有人们的敬意；而通常，人们却总是怀着好奇，去破坏伟人墓地的宁静。

这里，逼人的朴素禁锢住任何一种观赏的闲情，并且不容许你大声说话。风儿俯临，在这座无名者之墓的树木之间飒飒响着，和暖的阳光在坟头嬉戏；冬天，白雪温柔地覆盖这片幽暗的土地。无论你在夏天或冬天经过这儿，你都想象不到，这个小小的、隆起的长方体里安放着一位当代最伟大的人物。

然而，恰恰是这座不留姓名的坟墓，比所有挖空心思用大理石和奢华装饰建造的坟墓更扣人心弦。在今天这个特殊的日子//里，到他的安息地来的成百上千人中间，没有一个有勇气，哪怕仅仅从这幽暗的土丘上摘下一朵花留作纪念。人们重新感到，世界上再没有比托尔斯泰最后留下的这座纪念碑式的朴素坟墓，更打动人心的了。

——节选自 [奥] 茨威格《世间最美的坟墓》，张厚仁译

作品 40 号：陶行知的"四块糖果"

育才小学校长陶行知在校园看到学生王友用泥块砸自己班上的同学，陶行知当即喝止了他，并令他放学后到校长室去。无疑，陶行

知是要好好教育这个"顽皮"的学生。那么他是如何教育的呢？

放学后，陶行知来到校长室，王友已经等在门口准备挨训了。可一见面，陶行知却掏出一块糖果送给王友，并说："这是奖给你的，因为你按时来到这里，而我却迟到了。"王友惊疑地接过糖果。

随后，陶行知又掏出一块糖果放到他手里，说："这第二块糖果也是奖给你的，因为当我不让你再打人时，你立即就住手了，这说明你很尊重我，我应该奖你。"王友更惊疑了，他眼睛睁得大大的。

陶行知又掏出第三块糖果塞到王友手里，说："我调查过了，你用泥块砸那些男生，是因为他们不守游戏规则，欺负女生；你砸他们，说明你很正直善良，且有批评不良行为的勇气，应该奖励你啊！"王友感动极了，他流着眼泪后悔地喊道："陶……陶校长你打我两下吧！我砸的不是坏人，而是自己的同学啊……"

陶行知满意地笑了，他随即掏出第四块糖果递给王友，说："为你正确地认识错误，我再奖给你一块糖果，只可惜我只有这一块糖果了。我的糖果//没有了，我看我们的谈话也该结束了吧！"说完，就走出了校长室。

——节选自《教师博览·百期精华》中《陶行知的"四块糖果"》

作品 41 号：莲花和樱花

十年，在历史上不过是一瞬间。只要稍加注意，人们就会发现：在这一瞬间里，各种事物都悄悄经历了自己的千变万化。

这次重新访日，我处处感到亲切和熟悉，也在许多方面发觉了日本的变化。就拿奈良的一个角落来说吧，我重游了为之感受很深的唐招提寺，在寺内各处匆匆走了一遍，庭院依旧，但意想不到还看到了一些新的东西。其中之一，就是近几年从中国移植来的"友谊之莲"。

在存放鉴真遗像的那个院子里，几株中国莲昂然挺立，翠绿的宽大荷叶正迎风而舞，显得十分愉快。开花的季节已过，荷花朵朵已变为莲蓬累累。莲子的颜色正在由青转紫，看来已经成熟了。

我禁不住想："因"已转化为"果"。

中国的莲花开在日本，日本的樱花开在中国，这不是偶然。我希望这样一种盛况延续不衰。可能有人不欣赏花，但决不会有人欣赏落在自己面前的炮弹。

在这些日子里，我看到了不少多年不见的老朋友，又结识了一些新朋友。大家喜欢涉及的话题之一，就是古长安和古奈良。那还用得着问吗，朋友们缅怀过去，正是瞩望未来。瞩目于未来的人们必将获得未来。

我不例外，也希望一个美好的未来。

为//了中日人民之间的友谊，我将不浪费今后生命的每一瞬间。

——节选自严文井《莲花和樱花》

作品 42 号：香港：最贵的一棵树

在湾仔，香港最热闹的地方，有一棵榕树，它是最贵的一棵树，不光在香港，在全世界，都是最贵的。

树，活的树，又不卖何言其贵？只因它老，它粗，是香港百年沧桑的活见证，香港人不忍看着它被砍伐，或者被移走，便跟要占用这片山坡的建筑者谈条件：可以在这儿建大楼盖商厦，但一不准砍树，二不准挪树，必须把它原地精心养起来，成为香港闹市中的一景。太古大厦的建设者最后签了合同，占用这个大山坡建豪华商厦的先决条件是同意保留这棵老树。

树长在半山坡上，计划将树下面的成千上万方山石全部掏空取走，腾出地方来盖楼。把树架在大楼上面，仿佛它原本是长在楼顶上似的。建设者就地造了一个直径十八米、深十米的大花盆，先固定好这棵老树，再在大花盆底下盖楼，光这一项就花了两千三百八十九万港币，这也堪称是最昂贵的保护措施了。

太古大厦落成之后，人们可以乘滚动扶梯一次到位，来到太古大厦的顶层，出后门，那儿是一片自然景色。一棵大树出现在人们面前，树干有一米半粗，树冠直径足有二十多米，独木成林，非常壮观，形成一座以它为中心的小公园，取名叫"榕圃"。树前面//插着铜牌，说明缘由。此情此景，如不看铜牌的说明，绝对想不到巨树根底下还有一座宏伟的现代大楼。

——节选自舒乙《香港：最贵的一棵树》

作品 43 号：小鸟的天堂

我们的船渐渐地逼近榕树了。我有机会看清它的真面目：是一棵大树，有数不清的丫枝，枝上又生根，有许多根一直垂到地上，伸进泥土里。一部分树枝垂到水面，从远处看，就像一棵大树斜躺在水面上一样。

现在正是枝繁叶茂的时节。这棵榕树好像在把它的全部生命力展示给我们看。那么多的绿叶，一簇堆在另一簇的上面，不留一点儿缝隙。翠绿的颜色明亮地在我们的眼前闪耀，似乎每一片树叶上都有一个新的生命在颤动，这美丽的南国的树！

船在树下泊了片刻，岸上很湿，我们没有上去。朋友说这里是"鸟的天堂"，有许多鸟在这棵树上做窝，农民不许人去捉它们。我仿佛听见几只鸟扑翅的声音，但是等到我的眼睛注意地看那里时，我却看不见一只鸟的影子。只有无数的树根立在地上，像许多根木桩。地是湿的，大概涨潮时河水常常冲上岸去。"鸟的天堂"里没有一只鸟，我这样想到。船开了，一个朋友拨着船，缓缓地流到河中间去。

第二天，我们划着船到一个朋友的家乡去，就是那个有山有塔的地方。从学校出发，我们又经过那"鸟的天堂"。

这一次是在早晨，阳光照在水面上，也照在树梢上。一切都//显得非常光明。我们的船也在树下泊了片刻。

起初四周围非常清静。后来忽然起了一声鸟叫。我们把手一拍，便看见一只大鸟飞了起来，接着又看见第二只，第三只。我们继续拍掌，很快地这个树林就变得很热闹了。到处都是鸟声，到处都是鸟影。大的，小的，花的，黑的，有的站在枝上叫，有的飞起来，在扑翅膀。

——节选自巴金《小鸟的天堂》

作品 44 号：一分钟

著名教育家班杰明曾经接到一个青年人的求教电话，并与那个向往成功、渴望指点的青年人约好了见面的时间和地点。

待那个青年人如约而至时，班杰明的房门敞开着，眼前的景象却令青年人颇感意外——班杰明的房间里乱七八糟、狼藉一片。

没等青年人开口，班杰明就招呼道："你看我这房间，太不整洁了，请你在门外等候一分钟，我收拾一下，你再进来吧。"说着，班杰明就轻轻地关上了房门。

不到一分钟的时间，班杰明就又打开了房门并热情地把青年人让进客厅。这时，青年人的眼前展现出另一番景象——房间内的一切已变得井然有序，而且有两杯刚刚倒好的红酒，在淡淡的香水气息里还漾着微波。

可是，没等青年人把满腹的有关人生和事业的疑难问题向班杰明讲出来，班杰明就非常客气地说道："干杯。你可以走了。"

青年人手持酒杯一下子愣住了，既尴尬又非常遗憾地说："可是，我……我还没向您请教呢……"

"这些……难道还不够吗？"班杰明一边微笑着，一边扫视着自己的房间，轻言细语地说："你进来又有一分钟了。"

"一分钟……一分钟……"青年人若有所思地说："我懂了，您让我明白了一分钟的时间可以做许//多事情，可以改变许多事情的深刻道理。"

班杰明舒心地笑了。青年人把杯里的红酒一饮而尽，向班杰明连连道谢之后，开心地走了。

其实，只要把握好生命中的每一分钟，也就把握了理想的人生。

——节选自纪广洋《一分钟》

作品 45 号：语言的魅力

在繁华地巴黎大街的路旁，站着一个衣衫褴褛、头发斑白、双目失明的老人。他不像其他乞丐那样伸手向过路行人乞讨，而是在身旁立一块木牌，上面写着："我什么也看不见！"街上过往的行人很多，看了木牌上的字都无动于衷，有的还淡淡一笑，便姗姗而去了。

这天中午，法国著名诗人让·彼浩勒也经过这里。他看看木牌上的字，问盲老人："老人家，今天上午有人给你钱吗？"

盲老人叹息着回答："我，我什么也没有得到。"说着，脸上的神情非常悲伤。

让·彼浩勒听了，拿起笔悄悄地在那行字的前面添上了"春天到了，可是"几个字，就匆匆地离开了。

晚上，让·彼浩勒又经过这里，问那个盲老人下午的情况。盲老人笑着回答说："先生，不知为什么，下午给我钱的人多极了！"让·彼浩勒听了，摸着胡子满意地笑了。

"春天到了，可是我什么也看不见！"这富有诗意的语言，产生这么大的作用，就在于它有非常浑厚的感情色彩。是的，春天是美好的，那蓝天白云，那绿树红花，那莺歌燕舞，那流水人家，怎么不叫人陶醉呢？但这良辰美景，对于一个双目失明的人来说，只是一片漆黑。当人们想到这个盲老人，一生中竟连万紫千红的春天//都不曾看到，怎能不对他产生同情之心呢？

——节选自小学《语文》第六册中的《语言的魅力》

作品 46 号：赠你四味长寿药

有一次，苏东坡的朋友张鹗拿着一张宣纸来求他写一幅字，而且希望他写一点儿关于养生方面的内容，苏东坡思索了一会儿，点点头说："我得到了一个养生长寿古方，药只有四味，今天就赠给你吧。"于是，东坡的狼毫在纸上挥洒起来，上面写着："一曰无事以当贵，二曰早寝以当富，三曰安步以当车，四曰晚食以当肉。"

这哪里有药？张鹗一脸茫然地问。苏东坡笑着解释说，养生长寿的要诀，全在这四句里面。

所谓"无事以当贵"，是指人不要把功名利禄、荣辱过失考虑得太多，如能在情志上潇洒大度，随遇而安，无事以求，这比富贵更能使人终其天年。

"早寝以当富"，指吃好穿好、财货充足，并非就能使你长寿。对老年人来说，养成良好的起居习惯，尤其是早睡早起，比获得任何财富更加宝贵。

"安步以当车"，指人不要过于讲求安逸、肢体不劳，而应多以步行来替代骑马乘车，多运动才可以强健体魄，通畅气血。

"晚食以当肉"，意思是人应该用已饥方食、未饱先止代替对美味佳肴的贪吃无厌。他进一步解释，饿了以后才进食，虽然是粗茶淡饭，但其香甜可口会胜过山珍；如果饱了还要勉强吃，即使美味佳肴摆在眼前也难以//下咽。

苏东坡的四味"长寿药"，实际上是强调了情志、睡眠、运动、饮食四个方面对养生长寿的重要性，这种养生观点即使在今天仍然值得借鉴。

——节选自蒲昭和《赠你四味长寿药》

作品 47 号：住的梦

不管我的梦想能否成为事实，说出来总是好玩儿的：

春天，我将要住在杭州。二十年前，旧历的二月初，在西湖上我看见了嫩柳与菜花，碧浪与翠竹。由我看到的那点儿春光，已经可以断定，杭州的春天必定会教人整天生活在诗与图画之中。所以，春天我的家应当是在杭州。

夏天，我想青城山应当算作最理想的地方。在那里，我虽然只住过十天，可是它的幽静已拴住了我的心灵。在我所看见过的山水中，只有这里没有使我失望。到处都是绿，目之所及，那片淡而光润的绿色都在轻轻地颤动，仿佛要流入空中与心中去似的。这个绿色会像音乐，涤清了心中的万虑。

秋天一定要住北平。天堂是什么样子，我不晓得，但是从我的生活经验去判断，北平之秋便是天堂。论天气，不冷不热。论吃的，苹果、梨、柿子、枣儿、葡萄，都每样有若干种。论花草，菊花种类之多，花式之奇，可以甲天下。西山有红叶可见，北海可以划船——虽然荷花已残，荷叶可还有一片清香。衣食住行，在北平的秋天，是没有一项不使人满意的。

冬天，我还没有打好主意，成都或者相当合适，虽然并不怎样和缓，可是为了水仙，素心腊梅，各色的茶花，仿佛就受一点儿寒//冷，也颇值得去了。昆明的花也多，而且天气比成都好，可是旧书铺与精美而便宜的小吃远不及成都的那么多。好吧，就暂这么规定：冬天不住成都便住昆明吧。

在抗战中，我没能发国难财。我想，抗战胜利以后，我必能阔起来。那时候，假若飞机减价，一二百元就能买一架的话，我就自备一架，择黄道吉日慢慢地飞行。

——节选自老舍《住的梦》

作品 48 号：落花生

我们家的后园有半亩空地，母亲说："让它荒着怪可惜的，你们那么爱吃花生，就开辟出来种花生吧。"我们姐弟几个都很高兴，买种，翻地，播种，浇水，没过几个月，居然收获了。

母亲说："今晚我们过一个收获节，请你们父亲也来尝尝我们的新花生，好不好？"我们都说好。母亲把花生做成了好几样食品，还吩咐就在后园的茅亭里过这个节。

晚上天色不太好，可是父亲也来了，实在很难得。

父亲说："你们爱吃花生吗？"

我们争着答应："爱！"

"谁能把花生的好处说出来？"

姐姐说："花生的味美。"

哥哥说："花生可以榨油。"

我说："花生的价钱便宜，谁都可以买来吃，都喜欢吃。这就是它的好处。"

父亲说："花生的好处很多，有一样最可贵：它的果实埋在地里，不像桃子、石榴、苹果那样，把鲜红嫩绿的果实高高地挂在枝头上，使人一见就生爱慕之心。你们看它矮矮地长在地上，等到成熟了，也不能立刻分辨出来它有没有果实，必须挖出来才知道。"

我们都说是，母亲也点点头。

父亲接下去说："所以你们要像花生，它虽然不好看，可是很有用，不是外表好看而没有实用的东西。"

我说："那么，人要做有用的人，不要做只讲体面，而对别人没有好处的人了。"　//

父亲说："对。这是我对你们的希望。"

我们谈到夜深才散。花生做的食品都吃完了，父亲的话却深深地印在我的心上。

——节选自许地山《落花生》

作品 49 号：紫藤萝瀑布

我不由停住了脚步。

从未见过开得这样盛的藤萝，只见一片辉煌的浅紫色，像一条瀑布，从空中垂下，不见其发端，也不见其终极，只是深深浅浅的紫，仿佛在流动，在欢笑，在不停地生长。紫色的大条幅上，泛着点点银光，就像迸溅的水花。仔细看时，才知那是每一朵紫花中的最浅淡的部分，在和阳光互相挑逗。

这里除了光彩，还有淡淡的芳香。香气似乎也是浅紫色的，梦幻一般轻轻地笼罩着我。忽然记起十多年前，家门外也曾有过一大株紫藤萝，它依傍一株枯槐爬得很高，但花朵从来都稀落，东一穗西一串伶仃地挂在树梢，好像在察言观色，试探什么。后来索性连那稀零的花串也没有了。园中别的紫藤花架也都拆掉，改种了果树。那时的说法是，花和生活腐化有什么必然关系。我曾遗憾地想：这里再看不见藤萝花了。

过了这么多年，藤萝又开花了，而且开得这样盛，这样密，紫色的瀑布遮住了粗壮的盘虬卧龙般的枝干，不断地流着，流着，流向人的心底。

花和人都会遇到各种各样的不幸，但是生命的长河是无止境的。我抚摸了一下那小小的紫色的花舱，那里满装了生命的酒酿，它张满了帆，在这//闪光的花的河流上航行。它是万花中的一朵，也正是由每一个一朵，组成了万花灿烂的流动的瀑布。

在这浅紫色的光辉和浅紫色的芳香中，我不觉加快了脚步。

——节选自宗璞《紫藤萝瀑布》

作品 50 号：白杨礼赞

那是力争上游的一种树，笔直的干，笔直的枝。它的干呢，通常是丈把高，像是加以人工似的，一丈以内，绝无旁枝；它所有的丫枝呢，一律向上，而且紧紧靠拢，也像是加以人工似的，成为一束，绝无横斜逸出；它的宽大的叶子也是片片向上，几乎没有斜生的，更不用说倒垂了；它的皮，光滑而有银色的晕圈，微微泛出淡青色。这是虽在北方的风雪的压迫下却保持着倔强挺立的一种树！哪怕只有碗来粗细罢，它却努力向上发展，高到丈许，两丈，参天耸立，不折不挠，对抗着西北风。

这就是白杨树，西北极普通的一种树，然而绝不是平凡的树！

它没有婆娑的姿态，没有屈曲盘旋的虬枝，也许你要说它不美丽，——如果美是专指"婆娑"或"横斜逸出"之类而言，那么，白杨树算不得树中的好女子；但是它却是伟岸，正直，朴质，严肃，也不缺乏温和，更不用提它的坚强不屈与挺拔，它是树中的伟丈夫！当你在积雪初融的高原上走过，看见平坦的大地上傲然挺立这么一株或一排白杨树，难道你就只觉得树只是树，难道你就不想到它的朴质，严肃，坚强不屈，至少也象征了北方的农民；难道你竟一点儿也不联想到，在敌后的广大//土地上，到处有坚强不屈，就像这白杨树一样傲然挺立的守卫他们家乡的哨兵！难道你又不更远一点想到这样枝枝叶叶靠紧团结，力求上进的白杨树，宛然象征了今天在华北平原纵横决荡用血写出新中国历史的那种精神和意志。

——节选自茅盾《白杨礼赞》

作品 51 号：第一场雪

这是入冬以来，胶东半岛上第一场雪。

雪纷纷扬扬，下得很大。开始还伴着一阵儿小雨，不久就只见大片大片的雪花，从彤云密布的天空中飘落下来。地面上一会儿就白了。冬天的山村，到了夜里就万籁俱寂，只听得雪花簌簌地不断往下落，树木的枯枝被雪压断了，偶尔咯吱一声响。

大雪整整下了一夜。今天早晨，天放晴了，太阳出来了。推开门一看，嗬!好大的雪啊!山川、河流、树木、房屋，全都罩上了一层厚厚的雪，万里江山，变成了粉妆玉砌的世界。落光了叶子的柳树上挂满了毛茸茸亮晶晶的银条儿；而那些冬夏常青的松树和柏树上，则挂满了蓬松松沉甸甸的雪球儿。一阵风吹来，树枝轻轻地摇晃，美丽的银条儿和雪球儿簌簌地落下来，玉屑似的雪末儿随风飘扬，映着清晨的阳光，显出一道道五光十色的彩虹。

大街上的积雪足有一尺多深，人踩上去，脚底下发出咯吱咯吱的响声。一群群孩子在雪地里堆雪人，掷雪球儿。那欢乐的叫喊声，把树枝上的雪都震落下来了。

俗话说，"瑞雪兆丰年"。这个话有充分的科学根据，并不是一句迷信的成语。寒冬大雪，可以冻死一部分越冬的害虫；融化了的水渗进土层深处，又能供应//庄稼生长的需要。我相信这一场十分及时的大雪，一定会促进明年春季作物，尤其是小麦的丰收。有经验的老农把雪比做是"麦子的棉被"。冬天"棉被"盖得越厚，明春麦子就长得越好，所以又有这样一句谚语："冬天麦盖三层被，来年枕着馒头睡。"

我想，这就是人们为什么把及时的大雪称为"瑞雪"的道理吧。

——节选自峻青《第一场雪》

作品 52 号：丑石

我常常遗憾我家门前那块丑石：它黑黝黝地卧在那里，牛似的模样；谁也不知道是什么时候留在这里的，谁也不去理会它。只是麦收时节，门前摊了麦子，奶奶总是说：这块丑石，多占地面呀，抽空把它搬走吧。

它不像汉白玉那样的细腻，可以刻字雕花，也不像大青石那样的光滑，可以供来浣纱捶布。它静静地卧在那里，院边的槐荫没有庇覆它，花儿也不再在它身边生长。荒草便繁衍出来，枝蔓上下，慢慢地，它竟锈上了绿苔、黑斑。我们这些做孩子的，也讨厌起它来，曾合伙要搬走它，但力气又不足；虽时时咒骂它，嫌弃它，也无可奈何，只好任它留在那里了。

终有一日，村子里来了一个天文学家。他在我家门前路过，突然发现了这块石头，眼光立即就拉直了。他再没有离开，就住了下来；以后又来了好些人，都说这是一块陨石，从天上落下来已经有二三百年了，是一件了不起的东西。不久便来了车，小心翼翼地将它运走了。

这使我们都很惊奇，这又怪又丑的石头，原来是天上的啊！它补过天，在天上发过热、闪过光，我们的先祖或许仰望过它，它给了他们光明、向往、憧憬；而它落下来了，在污土里，荒草里，一躺就//是几百年了！

我感到自己的无知，也感到了丑石的伟大；我甚至怨恨它这么多年竟会默默地忍受着这一切？而我又立即深深地感到它那种不屈于误解、寂寞的生存的伟大。

——节选自贾平凹《丑石》

作品 53 号：繁星

我爱月夜，但我也爱星天。从前在家乡七八月的夜晚在庭院里纳凉的时候，我最爱看天上密密麻麻的繁星。望着星天，我就会忘记一切，仿佛回到了母亲的怀里似的。

三年前在南京我住的地方有一道后门，每晚我打开后门，便看见一个静寂的夜。下面是一片菜园，上面是星群密布的蓝天。星光在我们的肉眼里虽然微小，然而它使我们觉得光明无处不在。那时候我正在读一些天文学的书，也认得一些星星，好像它们就是我的朋友，它们常常在和我谈话一样。

如今在海上，每晚和繁星相对，我把它们认得很熟了。我躺在舱面上，仰望天空。深蓝色的天空里悬着无数半明半昧的星。船在动，星也在动，它们是这样低，真是摇摇欲坠呢！渐渐地我的眼睛模糊了，我好像看见无数萤火虫在我的周围飞舞。海上的夜是柔和的，是静寂的，是梦幻的。我望着许多认识的星，我仿佛看见它们在对我眨眼，我仿佛听见它在小声说话。这时我忘记了一切。在星的怀抱中我微笑着，我沉睡着。我觉得自己是一个小孩子，现在睡在母亲的怀里了。

有一夜，那个在哥伦波上船的英国人指给我看天上的巨人。他用手指着：//那四颗明亮的星是头，下面的几颗是身子，这几颗是手，那几颗是腿和脚，还有三颗星算是腰带。经他这一番指点。我果然看清楚了那个天上的巨人。看，那个巨人还在跑呢！

——节选自巴金《繁星》

作品 54 号：海滨仲夏夜

夕阳落山不久，西方的天空，还燃烧着一片橘红色的晚霞。大海，也被这霞光染成了红色，而且比天空的景色更要壮观。因为它是活动的，每当一排排波浪涌起的时候，那映照在浪峰上的霞光，又红又亮，简直就像一片片霍霍燃烧着的火焰，闪烁着，消失了。而后面的一排，又闪烁着，滚动着，涌了过来。

天空的霞光渐渐地淡下去了，深红的颜色变成了绯红，绯红又变为浅红。最后，当这一切红光都消失了的时候，那突然显得高而远了的天空，则呈现出一片肃穆的神色。最早出现的启明星，在这蓝色的天幕上闪烁起来了。它是那么大，那么亮，整个广漠的天幕上只有它在那里放射着令人注目的光辉，活像一盏悬挂在高空的明灯。

夜色加浓，苍空中的"明灯"越来越多了。而城市各处的真的灯火也次第亮了起来，尤其是围绕在海港周围山坡上的那一片灯光，从半空倒映在乌蓝的海面上，随着波浪，晃动着，闪烁着，像一串流动着的珍珠，和那一片片密布在苍穹里的星斗互相辉映，煞是好看。

在这幽美的夜色中，我踏着软绵绵的沙滩，沿着海边，慢慢地向前走去。海水，轻轻地抚摸着细软的沙滩，发出温柔的//唰唰声。晚来的海风，清新而又凉爽。我的心里，有着说不出的兴奋和愉快。

夜风轻飘飘地吹拂着，空气中飘荡着一种大海和田禾相混合的香味儿，柔软的沙滩上还残留着白天太阳炙晒的余温。那些在各个工作岗位上劳动了一天的人们，三三两两地来到这软绵绵的沙滩上，他们浴着凉爽的海风，望着那缀满了星星的夜空，尽情地说笑，尽情地休憩。

——节选自峻青《海滨仲夏夜》

作品 55 号：济南的冬天

对于一个在北平住惯的人，像我，冬天要是不刮风，便觉得是奇迹；济南的冬天是没有风声的。对于一个刚由伦敦回来的人，像我，冬天要能看得见日光，便觉得是怪事；济南的冬天是响晴的。自然，在热带的地方，日光永远是那么毒，响亮的天气，反有点儿叫人害怕。可是，在北方的冬天，而能有温晴的天气，济南真得算个宝地。

设若单单是有阳光，那也算不了出奇。请闭上眼睛想：一个老城，有山有水，全在天底下晒着阳光，暖和安适地睡着，只等春风来把它们唤醒，这是不是理想的境界？小山整把济南围了个圈儿，只有北边缺着点口儿。这一圈小山在冬天特别可爱，好像是把济南放在一个小摇篮里，它们安静不动地低声地说："你们放心吧，这儿准保暖和。"真的，济南的人们在冬天是面上含笑的。他们一看那些小山，心中便觉得有了着落，有了依靠。他们由天上看到山上，便不知不觉地想起：明天也许就是春天了吧？这样的温暖，今天夜里山草也许就绿起来了吧？就是这点儿幻想不能一时实现，他们也并不着急，因为这样慈善的冬天，干什么还希望别的呢！

最妙的是下点儿小雪呀。看吧，山上的矮松越发的青黑，树尖儿上//顶着一髻儿白花，好像日本看护妇。山尖全白了，给蓝天镶上一道银边。山坡上，有的地方雪厚点儿，有的地方草色还露着；这样，一道儿白，一道儿暗黄，给山们穿上一件带水纹的花衣；看着看着，这件花衣好像被风儿吹动，叫你希望看见一点更美的山的肌肤。等到快日落的时候，微黄的阳光斜射在山腰上，那点薄雪好像忽然害羞，微微露出点粉色。就是下小雪吧，济南是受不住大雪的，那些小山太秀气。

——节选自老舍《济南的冬天》

作品 56 号：家乡的桥

纯朴的家乡村边有一条河，曲曲弯弯，河中架一弯石桥，弓样的小桥横跨两岸。

每天，不管是鸡鸣晓月，日丽中天，还是月华泻地，小桥都印下串串足迹，洒落串串汗珠。那是乡亲为了追求多棱的希望，兑现美好的遐想。弯弯小桥，不时荡过轻吟低唱，不时露出舒心的笑容。

因而，我稚小的心灵，曾将心声献给小桥：你是一弯银色的新月，给人间普照光辉；你是一把闪亮的镰刀，割刈着欢笑的花果；你是一根晃悠悠的扁担，挑起了彩色的明天！哦，小桥走进我的梦中。

我在漂泊他乡的岁月，心中总涌动着故乡的河水，梦中总看到弓样的小桥。当我访南疆探北国，眼帘闯进座座雄伟的长桥时，我的梦变得丰满了，增添了赤橙黄绿青蓝紫。

三十多年过去，我带着满头霜花回到故乡，第一紧要的便是去看望小桥。

啊！小桥呢？它躲起来了？河中一道长虹，浴着朝霞熠熠闪光。哦，雄浑的大桥敞开胸怀，汽车的呼啸、摩托的笛音、自行车的叮铃，合奏着进行交响乐；南来的钢筋、花布，北往的柑橙、家禽，绘出交流欢悦图……

啊！蜕变的桥，传递了家乡进步的消息，透露了家乡富裕的声音。时代的春风，美好的追求，我蓦地记起儿时唱//给小桥的歌，哦，明艳艳的太阳照耀了，芳香甜蜜的花果捧来了，五彩斑斓的岁月拉开了！

我心中涌动的河水，激荡起甜美的浪花。我仰望一碧蓝天，心底轻声呼喊：家乡的桥呀，我梦中的桥！

——节选自郑莹《家乡的桥》

作品 57 号：绿

梅雨潭闪闪的绿色招引着我们，我们开始追逐她那离合的神光了。揪着草，攀着乱石，小心探身下去，又鞠躬过了一个石穹门，便到了汪汪一碧的潭边了。

瀑布在襟袖之间，但是我的心中已没有瀑布了。我的心随潭水的绿而摇荡。那醉人的绿呀！仿佛一张极大极大的荷叶铺着，满是奇异的绿呀。我想张开两臂抱住她，但这是怎样一个妄想啊。

站在水边，望到那面，居然觉着有些远呢！这平铺着、厚积着的绿，着实可爱。她松松地皱缬着，像少妇拖着的裙幅；她滑滑的明亮着，像涂了"明油"一般，有鸡蛋清那样软，那样嫩；她又不杂些尘渣，宛然一块温润的碧玉，只清清的一色——但你却看不透她！

我曾见过北京什刹海拂地的绿杨，脱不了鹅黄的底子，似乎太淡了。我又曾见过杭州虎跑寺近旁高峻而深密的"绿壁"，丛叠着无穷的碧草与绿叶的，那又似乎太浓了。其余呢，西湖的波太明了，秦淮河的也太暗了。可爱的，我将什么来比拟你呢？我怎么比拟得出呢？大约潭是很深的，故能蕴蓄着这样奇异的绿；仿佛蔚蓝的天融了一块在里面似的，这才这般的鲜润啊。

那醉人的绿呀！我若能裁你以为带，我将赠给那轻盈的//舞女；她必能临风飘举了。我若能挹你以为眼，我将赠给你那善歌的盲妹；她必能明眸善睐了。我舍不得你；我怎舍得你呢？我用手拍着你，抚摩着你，如同一个十二三岁的小姑娘。我又掬你入口，便是吻着她了。我送你一个名字，我从此叫你"女儿绿"好吗？

我第二次到仙岩的时候，我不禁惊诧于梅雨潭的绿了。

——节选自朱自清《绿》

作品 58 号：牡丹的拒绝

其实你在很久以前并不喜欢牡丹，因为它总被人作为富贵膜拜。后来你目睹了一次牡丹的落花，你相信所有的人都会为之感动：一阵清风徐来，娇艳鲜嫩的盛期牡丹忽然整朵整朵地坠落，铺撒一地绚丽的花瓣。那花瓣落地时依然鲜艳夺目，如同一只奉上祭坛的大鸟脱落的羽毛，低吟着壮烈的悲歌离去。

牡丹没有花谢花败之时，要么烁于枝头，要么归于泥土，它跨越萎顿和衰老，由青春而死亡，由美丽而消遁。它虽美却不吝惜生命，即使告别也要展示给人最后一次的惊心动魄。

所以在这阴冷的四月里，奇迹不会发生。任凭游人扫兴和诅咒，牡丹依然安之若素。它不苟且、不俯就、不妥协、不媚俗，甘愿自己冷落自己。它遵循自己的花期自己的规律，它有权利为自己选择每年一度的盛大节日。它为什么不拒绝寒冷？

天南海北的看花人，依然络绎不绝地涌入洛阳城。人们不会因牡丹的拒绝而拒绝它的美。如果它再被贬谪十次，也许它就会繁衍出十个洛阳牡丹城。

于是你在无言的遗憾中感悟到，富贵与高贵只是一字之差。同人一样，花儿也是有灵性的，更有品位之高低。品位这东西为气为魂为//筋骨为神韵，只可意会。你叹服牡丹卓尔不群之姿，方知品位是多么容易被世人忽略或是漠视的美。

——节选自张抗抗《牡丹的拒绝》

作品 59 号：苏州园林

我国的建筑，从古代的宫殿到近代的一般住房，绝大部分是对称的，左边怎么样，右边怎么样。苏州园林可绝不讲究对称，好像故意避免似的。东边有了一个亭子或者一道回廊，西边决不会来一个同样的亭子或者一道同样的回廊。这是为什么？我想，用图画来比方，对称的建筑是图案画，不是美术画，而园林是美术画，美术画要求自然之趣，是不讲究对称的。

苏州园林里都有假山和池沼。

假山的堆叠，可以说是一项艺术而不仅是技术。或者是重峦叠嶂，或者是几座小山配合着竹子花木，全在乎设计者和匠师们生平多阅历，胸中有丘壑，才能使游览者攀登的时候忘却苏州城市，只觉得身在山间。

至于池沼，大多引用活水。有些园林池沼宽敞，就把池沼作为全园的中心，其他景物配合着布置。水面假如成河道模样，往往安排桥梁。假如安排两座以上的桥梁，那就一座一个样，决不雷同。

池沼或河道的边沿很少砌齐整的石岸，总是高低屈曲任其自然。还在那儿布置几块玲珑的石头，或者种些花草。这也是为了取得从各个角度看都成一幅画的效果。池沼里养着金鱼或各色鲤鱼，夏秋季节荷花或睡莲开//放，浏览者看"鱼戏莲叶间"，又是入画的一景。

——节选自叶圣陶《苏州园林》

作品 60 号：泰山极顶

泰山极顶看日出，历来被描绘成十分壮观的奇景。有人说：登泰山而看不到日出，就像一出大戏没有戏眼，味儿终究有点寡淡。

我去爬山那天，正赶上个难得的好天，万里长空，云彩丝儿都不见。素常，烟雾腾腾的山头，显得眉目分明。同伴们都欣喜地说："明天早晨准可以看见日出了。"我也是抱着这种想头，爬上山去。

一路从山脚往上爬，细看山景，我觉得挂在眼前的不是五岳独尊的泰山，却像一幅规模惊人的青绿山水画，从下面倒展开来。在画卷中最先露出的是山根底那座明朝建筑岱宗坊，慢慢地便现出王母池、斗母宫、经石峪。山是一层比一层深，一叠比一叠奇，层层叠叠，不知还会有多深多奇。万山丛中，时而点染着极其工细的人物。王母池旁的吕祖殿里有不少尊明塑，塑着吕洞宾等一些人，姿态神情是那样有生气，你看了，不禁会脱口赞叹说："活啦。"

画卷继续展开，绿阴森森的柏洞露面不太久，便来到对松山。两面奇峰对峙着，满山峰都是奇形怪状的老松，年纪怕都有上千岁了，颜色竟那么浓，浓得好像要流下来似的。来到这儿，你不妨权当一次画里的写意人物，坐在路旁的对松亭里，看看山色，听听流水和松涛。

一时间，我又觉得自己不仅是在看画卷，却又像是在零零乱乱翻着一卷历史稿本。

——节选自杨朔《泰山极顶》

十、普通话水平测试说话题目练习

1. 我的朋友
2. 我尊敬的人
3. 我喜欢的明星（或其他知名人士）
4. 我的学习生活
5. 我的业余生活
6. 我的假日生活

7. 童年的记忆

8. 难忘的旅行

9. 我和体育

10. 我所在的集体（学校、机关、公司等）

11. 我的愿望（或理想）

12. 我喜爱的职业

13. 我向往的地方

14. 我的家乡（或熟悉的地方）

15. 我喜爱的书刊

16. 我喜爱的文学（或其他）艺术形式

17. 我喜欢的节日

18. 我喜爱的动物（或植物）

19. 我喜爱的季节（或天气）

20. 我知道的风俗

21. 我的成长之路

22. 谈谈个人修养

23. 谈谈科技发展与社会生活

24. 谈谈对环境保护的认识

25. 谈谈社会公德（或职业道德）

26. 谈谈卫生与健康

27. 谈谈美食

28. 谈谈服饰

29. 购物（消费）的感受

30. 学习普通话的体会

附录一：四川部分地区普通话学习策略

1.《四川彝区普通话普及策略探究》

四川彝区普通话普及策略探究[①]

王　浩

摘要： 四川省凉山彝族自治州及乐山市峨边县、马边县、金河口区，位于四川省西南部，是中国最大的彝族聚居区，该地区彝族语言学习状况在全国彝区中具有非常大的代表性。笔者采取抽样调查的方法，2011 年通过前往凉山彝族地区摸底，2015 年 5 月对在四川理工学院就读的彝族学生的调查和 2015 年 7 月对参加四川省国培项目（2015）少数民族双语教师普通话培训班中彝族教师的调查，基本上掌握了四川彝族地区彝族人学习普通话的现实情况，对该地区彝族普通话推广所暴露出来的问题进行了分析，并针对问题产生的原因提出了改进和提高四川彝族普通话水平的途径和方法。

关键词： 四川　彝族　普通话　普及

---

① 本文为 2014 年第 29 期中央普通话培训班会议论文，经删减修改，已发表在《语文建设》2016.1

一、四川彝族的分布及使用语言现状

（一）四川彝族的分布情况

在中国国内，彝族主要分布在四川、云南、贵州、重庆、广西等省市区。此外西藏、甘肃、陕西等省也有少数的彝族人居住。在亚洲其他国家，彝族主要分布在越南、缅甸、柬埔寨、泰国、印度、阿富汗和日本，人口大约有 80 万。彝族的分布特点是"大分散、小聚居"，其分布地为北起四川大渡河流域，南到老挝国，东至乌江，西抵澜沧江的广阔地区。比较大的聚居区有四川凉山，贵州毕节、六盘水，云南楚雄、红河等地。

到目前为止，四川地区有 10 多个县的彝族人口达 20 万以上，雅安、攀枝花、乐山、泸州、宜宾、甘孜等地也有数量上万的彝族居住。四川凉山彝族自治州是中国最大的彝族聚居区，位于四川省西南部、川滇结合处，全州面积约 6 万多平方公里，全州辖 1 市 16 县，包括美姑、甘洛、越西、喜德、德昌、会理、会东、宁南、普格、布拖、昭觉、金阳、雷波、冕宁、盐源及木里藏族自治县，州府为西昌市。其中普格、布拖、昭觉、金阳、美姑、甘洛、越西、喜德 8 县位于大凉山腹心地区，彝族居住较为密集，彝族人口密度均在 60%以上。

（二）四川彝族使用语言的现状

彝语是彝族的母语，从语系分类上讲，属于汉藏语系藏缅语族彝语支。在彝族聚居区，彝语是彝族日常生活中最主要的交际工具。在彝区的县、乡一级和广大的农牧民乡村，有 94%以上的人口主要使用彝语；彝语内部方言差异较大，有东部、西部、南部、北部、中部、东南部 6 个方言区、5 种次方言和 25 种土语。凉山彝族自治州境内使用的彝语主要是北部方言的南、北两个次方言。而彝族北部次方言由于使用人口最多，覆盖面积最广，具有广泛的普遍性和代表性，从而成为凉山彝语的标准语，这种标准语以喜德语音为标准音。

2011 年笔者参加了国家语委科研课题《民族杂居区普通话培训测试现状调查与研究》，课题组对凉山州语委、西昌学院、四川省彝文学校、西昌五小近 100 人进行了走访和问卷调查。2015 年又再次组织了针对四川理工学院 40 名在读的四川彝族大学生语言使用情况的走访调查，同时又对在四川理工学院参加国培项目（2015）少数民族双语教师普通话培训班中的 35 名四川彝族中小学教师进行了调查。通过三次调查，基本摸清了以凉山彝族为代表的四川彝族的语言使用现状和普通话水平。

目前四川彝族语言使用状况大致存在四种情况：一是少数彝族同胞只会说彝语方言，不会说汉语和彝语的标准语，占所调查人数的 5%，这种情况主要出现在彝族聚居的山区。二是绝大部分彝族同胞同时掌握彝语方言和汉语方言，处于双语状态，能娴熟地运用汉语方言与外界交流，占所调查人数的 75%，这些人群主要分布在彝汉杂居的农村和乡镇地区。三是有少部分彝族群众已经实现了语言替换，失去了运用彝语母语的能力，改用汉语方言为日常交际语，占所调查人数的 15%，这种情况主要出现在汉族居多数的城市地区（主要是州府西昌市及周边）。四是极少部分彝族群众同时掌握彝语标准语、彝语方言、汉语方言，占所调查人数的 5%，这种情况主要出现在彝汉杂居的县城里面。

二、四川彝区普通话普及存在的问题

由于四川彝族聚居的大凉山地区处于云贵高原边际，山高路险、土地贫瘠、自然环境相对恶劣，长期以来当地社会、经济、文化、教育发展相较于四川其他地区更加落后，导致彝族人民掌握普通话的水平也一直处于较低的状态。尽管近年来由于汉语教育的普及和外出打工人数的增多，普通话在彝族同胞中得到了较大的普及，30 岁以下的彝族同胞一般能够说普通话，但是总体而言，四川彝族的普通话水平整体偏低，青年学生普通话水平测试过级状况也不乐观。从实地调查和普通话教学实践的情况来看，四川彝区的普通话普及，存在以下几个方面的问题：

（一）普通话使用率整体偏低

根据本次调查，四川彝区的普通话使用率整体偏低。大部分彝族同胞在日常生活中是不使用普通话的，即使是在与汉族同胞打交道时，也是以当地汉语方言为主。

这种情况并没有随着凉山州经济的发展和旅游业的开发得到根本的改变。到 2015 年 10 月止，课题组前往凉山州最主要的几个旅游景点：邛海、泸山、螺髻山等地，与当地彝族商人交谈。在课题组成员使用普通话的情况下，大部分商家还是选择使用汉语方言回答问题，只有极个别商户是用带有浓厚口音的地方普通话回答问题。

（二）普通话水平整体不高

彝族同胞在使用普通话时，除少数汉化程度较高的青年人外，整体普通话水平不高。主要体现在声母、韵母、声调、变调等方面存在缺陷。

1. 声母方面

在声母学习中，彝族同胞绝大部分能读准多数的普通话声母，与大部分四川汉族同胞学习普通话时平翘舌不分的情况完全不同，受访的彝族同胞 98%都能准确地发出翘舌音 zh、ch、sh、r 和平舌音 z、c、s，且不易发生混淆。但是，也有高达 95%的彝族同胞不能准确区分边音 l 和鼻音 n，同时还有约 60%的彝族同胞存在清辅音浊化的现象。

2. 韵母方面

在韵母学习中，彝族同胞基本能读准绝大部分的普通话韵母，但是仍然有 98%的受访者存在分不清前鼻韵 in、en 和后鼻韵 ing、eng 的情况，同时发 an 音时容易发成ang音；发复合韵母时的动程不准或不会。

3. 声调方面

在声调学习中，彝族同胞大部分能读准普通话的阴平和去声调类，但是仍然有95%的受访者分不清阳平和上声调类，存在阳平、上声相混的情况。

4. 变调方面

在变调学习中，有90%的彝族同胞能读出上声的变调，但当两个或三个上声相连时，有20%的受访者容易受前面的上声音节变调影响，第二个或第三个上声也变阳平或读半上；有95%的受访者读不准或不会读轻声；有80%的受访者未掌握普通话儿化规律。

三、四川彝区普通话普及出现问题的原因

（一）汉语方言的影响

以凉山州为代表的四川彝族聚居区，其汉语方言属于北方话中的西南官话，其具体特点为：在声母中保留了平翘舌的对立，鼻音 n 和边音 l 不区别音位；在韵母中没有前鼻韵 in、en 和后鼻韵 ing、eng 的对立，没有an，只有一个与ang对立的鼻化元音a；声调上，大部分地区古入声归阳平（冕宁县归去声），阳平与上声调型相近，阳平调型为中降调，调值为 21，上声调型为高降调，调值为 42；没有轻声，儿化规律与普通话不同，一般是声母直接加 er。

根据本次调查，四川地区的彝族同胞在学习普通话时，受到汉语方言的影响，几乎都存在着边鼻音不分的情况；分不清 in、en 和 ing、eng，由于韵母中没有an 而只有一个与ang对立的鼻化元音a，造成发前鼻韵an 时容易发成语音中有且与an 相近的后鼻韵ang；阳平与上声相混；没有轻声，未掌握儿化规律的情况。由此可见，四川彝族在学习普通话时，存在的最大干扰是汉语方言的影响。

（二）四川彝语的干扰

彝族所说彝语分北部、西部、东部、南部、东南部、中部 6 个方言区，26 种土语，各方言之间不能通话。四川境内彝族主要操北部方言，约 160 万人，以喜德圣乍话为标准音。其语音特征为声母 43 个，其中复辅音、浊辅音发达；韵母有 10 个，且全是单韵母；声调有 4 个，调值分别为 55、44、33、21。

彝族群众在学习汉语普通话时，往往会受到母语的干扰，其具体表现为：发声母中的清辅音时，会出现浊化现象；复韵母发音时没有动程，出现说话时有蹦字现象，造成听感上卡顿。由此可见，彝族同胞在学习汉语普通话时，其母语的干扰也是较大的影响因素。

（三）教师教学方法比较单一

根据受访者的反馈，95%以上的彝族同胞都是从小在朗读课文中学习普通话，普通话老师在讲解声母、韵母、声调时多是要求学生采取死记硬背的方式学习，未采取与其他语言乃至彝语标准语的对比学习的方法。导致学生学习不得法，难以解决口语中的实际问题。

（四）汉语启蒙教师的普通话水平偏低

91%的受访者表示，他们最早接触普通话是在小学或幼儿园时，而在他们的普通话启蒙老师中，彝族占 60%左右，特别是在彝族聚居的山区，这个比例更高。由于教师本身素质的原因，多数山区彝族教师的普通话水平较低，造成彝族学生在基础教育阶段普通话基础不牢，影响了以后普通话学习的效果。

（五）没有使用普通话的环境

有高达 90%的受访者表示，自己基本没有进入过使用普通话的环境，学校里除了语文教师会使用普通话外，其他学科教师在进行教学活动时通常都使用汉语方言。同学们在交流时基本上都是用彝语或汉语方言交流，也很少有与外省人交流的机会，从而一直没有使用普通话的环境。

四、关于四川彝区普通话普及措施的建议

（一）加大师资队伍建设

语文教师是提升普通话教学水平的骨干力量。必须加大彝族地区语文师资的培养力度。在对现有的师资进行"国培项目"等提升培训之外，还应加大对汉语语文师资队伍新鲜血液的补充力度，给予特殊的照顾政策，对彝族地区的汉语师资进行扶持。充分发挥四川地区各高校现有的汉语言文学专业、汉语国际教育等专业的高校毕业生的力量，鼓励各民族大学毕业生到彝族地区工作，支持在校大学生以支教的形式前往彝族地区，帮助当地的彝族学生提高普通话水平。

（二）改善普通话教学方法

在教学方法上，要通过培训、讲座等形式，帮助中小学语文教师改进教学方法。例如，在普通话声母边鼻音的区别教学中，由于英语和彝语标准语都有边鼻音的区别，可根据不同情况，引入不同语言的对比教学。在英语课程普及较早，英语水平较高的城区学校，可积极引入英语与汉语普通话的对比教学。在彝语使用较广且拥有彝语标准语教学能力的彝汉杂居区乡镇学校或彝族聚居的山区农村小学，可采取彝语标准语与汉语普通话的对比教学方法。另外要了解汉语方言与普通话在声、韵、调方面的差别，并采取对比的方法向学生做详细的讲解，以便学生更加直观地了解和掌握普通话的相关语言特点。

（三）尽量将普通话教育低龄化

在普通话的普及方面，鉴于还有 10% 左右的彝族学生在中学以前从来没有接触过普通话，因此应尽量将普通话教育低龄化。努力做到在幼儿园阶段就运用普通话教学，让彝族学生能尽早地接触普通话，

打好学习普通话的基础。特别要注意加强彝族聚居区、山区幼儿园及小学的普通话普及力度，使彝族学生在最早接触汉语时，直接接触普通话，最大限度地减少汉语方言对彝族学生学习普通话的影响。

（四）创建普通话使用环境

在彝族的普通话学习中，可加大普通话实践力度。制定少数民族普通话专项扶持计划，通过定期组织彝族学生以夏令营的形式到省外参观、组织学生到四川省内各旅游景点做志愿者的形式，增加学生与外省人员交流的机会。同时组织外省的大中小学生以支教、夏令营等方式进入凉山彝族地区，采取学校对口交流的方式，为学生创设使用普通话的环境。

（五）多渠道普及普通话

根据调查，有 5% 左右的彝族同胞，在最开始是通过电视接触并学会普通话的。这启示我们，在普及普通话时，可以拓宽推广渠道。在学校教育的主渠道之外，广泛利用电视、电影、广播、网络、新媒体等多种方式，向彝族同胞推广宣传普通话，以增强普通话的学习效果。

2.《宜宾话与普通话的声韵对比研究》

宜宾话与普通话的声韵对比研究①

王　浩等

摘要：本文在参照中国社会科学院语言研究所丁声树、李荣先生等设计的《汉语方言调查简表》的基础上对宜宾话语音与普通话语音在声母、韵母两大方面进行了对比分析。

---

① 本文已发表在《重庆文理学院学报·社科版》，2009.1。

关键词：宜宾话　普通话　语音　对照　规律分析

作为岷江小片的宜宾话，其分布主要以宜宾市翠屏区为中心，涵盖宜宾市南溪县、高县、江安县、长宁县和兴文县等地区。宜宾话虽属北方方言群中四川话的一个分支，但在语音声韵系统方面比四川的其他方言与普通话相差更远，通过对宜宾话声韵与普通话声韵的对比分析，可以从中找出提高当地人学说普通话能力的积极因素，从而促进普通话在该地区的进一步推广。

一、宜宾话与普通话声母对照及规律分析

（一）声母对照

例字	普通话读音	宜宾话读音	对应规律	例字	普通话读音	宜宾话读音	对应规律
布	b	b		遍	b	p	b—p
怕	p	p		门	m	m	
飞	f	f		道	d	d	
抖	d	t	d—t	同	t	t	
你	n	l	n—l	念	n	l	n—l
老	l	l		贵	g	g	
龚	g	g		开	k	k	
红	h	h		胡	h	f	h—f
杰	j	j		街	j	g	j—g
秋	q	q		去	q	q	
修	x	x		项	x	h	x—h
字	z	z		仓	c	c	
散	s	s		之	zh	z	zh—z
吃	ch	c	ch—c	肉	r	[z]	r—[z]
师	sh	s	sh—s	咬	零	[ŋ]	零—[ŋ]
盐	零	零		矮	零	[ŋ]	零—[ŋ]
奥	零	[ŋ]	零—[ŋ]	我	零	[ŋ]	零—[ŋ]
安	零	[ŋ]	零—[ŋ]	硬	零	[ŋ]	零—[ŋ]
宜	零	l	零—l	验	零	l	零—l

（二）规律分析

从上表中可以看出，普通话有 21 个辅音声母，另外还有一种"零声母"。宜宾方言有十八个辅音声母，也有零声母。普通话与宜宾话中有 16 个辅音声母是相同的，宜宾话中没有 zhi、chi、shi、r、n 五个辅音声母，普通话中的所有零声母在宜宾话中都有保留。在发音时，宜宾话声母除 zhi、chi、shi、r、n 外，与普通话声母大部分保持着一致，但宜宾话如四川方言其他小片一样比普通话多出[ŋ]和[z]这两个声母。

根据上表，我们还可以找出以下几个方面的对应规律：

（1）普通话有翘舌音 zh、ch、sh、r 和平舌音 z、c、s、[z]的区别，宜宾话没有翘舌音，翘舌音全部发作平舌音 z、c、s 和[z]。

（2）普通话有鼻音 n 和边音 l 的区分，而宜宾话中没有鼻音 n，在发音时全部把鼻音 n 发为边音 l，如"你""念""年""南"等。

（3）普通话中部分零声母音节，如：ai、ao、e、o（uo）、an、iao、ing 及 i、ian，宜宾话分别加有声母[ŋ]和 l，如"矮""奥""恶""我""安""咬""硬""宜""验"等音；

（4）普通话中的 hu 音节，宜宾话都读成 fu，如"户""呼""虎""互""壶""和"等音；

（5）普通话中部分带 x 声母的字，如"项""鞋""衔"等，宜宾话常读成 h 声母；

（6）普通话中部分带 j 声母的字，如"街""觉""窖"，宜宾话读成 g 声母；

（7）普通话中部分带 b 声母的字，如"遍""别"，宜宾话读成 p 声母；

（8）普通话中部分带 d 声母的字，如"抖"，宜宾话读成 t 声母。

二、宜宾话与普通话韵母对照及规律分析

（一）韵母对照

例字	普通话读音	宜宾话读音	对应规律	例字	普通话读音	宜宾话读音	对应规律
爬	a	a		辣	a	[æ]	a—[æ]
塔	a	[æ]	a—[æ]	墨	o（uo）	ê	o（uo）—ê
破	o（uo）	uo		恶	e	ê	e—ê
河	e	o	e—o	得	e	ê	e—ê
蛇	e	ei	e—ei	俄	e	o	e—o
欸	ê	ê		耳	er	er	
资	[ɿ]	[ɿ]		支	[ʅ]	[ʅ])	[ʅ]—[ʅ]
地	i	i		古	u	u	
局	ü	[io]	ü—[io]	去	ü	i	ü—i
绿	ü	uo	ü—uo	育	ü	[io]	ü—[io]
取	ü	ü		盖	ai	ai	
白	ai	ê	ai—ê	掰	ai	an	ai—an
倍	ei	ei		黑	ei	ê	ei—ê
类	ei	uei	ei—uei	保	ao	ao	
斗	ou	ou		肉	ou	ou	
下	ia	[iæ]	ia—[iæ]	夹	ia	[iæ]	ia—[iæ]
爷	ie	i	ie—i	茄	Ie	i	ie—i
谢	ie	i	ie—i	条	iao	iao	
药	iao	[io]	iao—[io]	咬	iao	ao	iao—ao
就	iou	iou		六	iou	uo	iou—uo
花	ua	ua		刮	ua	[uæ]	ua—[uæ]
过	uo	[ʊ]	uo-[ʊ]	国	uo	[ʊ]	uo-[ʊ]
怪	uai	uai		桂	uei	uei	
月	üe	[io]	üe—[io]	确	üe	[io]	üe—[io]
三	an	an		根	en	en	
桑	ang	ang		横	eng	en.	eng—en
省	eng	en	eng—en	风	eng	ong	eng—ong

例字	普通话读音	宜宾话读音	对应规律	例字	普通话读音	宜宾话读音	对应规律
淹	ian	an	ian—an	衔	ian	an	ian—an
紧	in	in		良	iang	iang	
星	ing	in	ing—in	短	uan	uan	
魂	uen	uen		笋	uen	en	uen —en
光	uang	uang		翁	ueng	ong	ueng—ong
冬	ong	ong		权	üan	üan	
云	ün	ün		琼	iong	iong	

（二）规律分析

从上表可以看出，普通话的韵母共有 39 个，而宜宾话没有韵母-i（后）、üe、ing、eng，却另有[æ]、[iæ]、[uæ]、[io]四个韵母，这样，宜宾话的韵母也是 39 个。其中[æ]韵、[iæ]韵和[uæ]韵实际上分别是a韵、ia韵和ua 韵在宜宾话中的弱化的结果，属于同质不同效。

根据上表我们可以看出，普通话与宜宾话的在韵母方面的差异性对应规律明显比声母要丰富和复杂得多，主要表现在以下一些方面：

（1）普通话中的ai 韵（如"百""白""拍"等）、o（uo）韵（如"墨""伯"等）、ei 韵（如"黑""北"等）与 e 韵（如"得""德""隔""割"等）在宜宾话中有读作 ê 韵的情况；

（2）普通话中的ai 韵在宜宾话中有读作an 韵的情况，如"掰"的读音就是一个典型；

（3）普通话中的 e 韵（如"俄""么""歌""和""恶""得""蛇""车"等），在宜宾话中还有着分别读作 o 韵、ê 韵和 ei 韵的情况；

（4）普通话中所有的 üe 韵，在宜宾话中均读作[io]韵；

（5）普通话中个别的 ei 韵（如"类""泪""内""雷"等），在宜宾话中读作 uei 韵；

（6）普通话中的 ie 韵（如"爷""茄""谢"等），在宜宾话中均读作 i 韵；

（7）普通话中个别的a韵（如"辣""塔"），在宜宾话中读作[æ]

韵；

（8）普通话中个别的 iɑ 韵（如"下""夹"），在宜宾话中读作[iæ]韵；

（9）普通话中个别的 ü 韵（如"绿""率""律"等），在宜宾话中读 uo 韵；

（10）普通话中的 iou 韵（如"六"），在宜宾话中读作[io]韵；

（11）普通话中个别的 ü 韵（如"育""局"等），在宜宾话中分别读作[io]韵；

（12）普通话中的一些 iɑo 韵（如"药""角""脚""窖""觉""咬"等），在宜宾话中分别读作 io 韵和 ao 韵；

（13）普通话中大量的 ueng、eng韵（如"翁""封""风"）在宜宾话中通常读作 ong韵；

（14）普通话中所有的后鼻韵 ing、eng，在宜宾话中均分别读作前鼻韵 in、en；

（15）普通话中个别的 uen 韵（如"笋"），在宜宾话中读作 en 韵；

（16）普通话中个别的 uo 韵（如"国、过"），在宜宾话中读作[ʊ]韵。

我们前面只是通过声母、韵母两个方面将宜宾话放在与普通话语音对比的情况下对它的面貌做概述式的勾勒与介绍。应该说，普通话与宜宾话的声韵在整体上保持了相对的一致，而作为方言的宜宾话与普通话的差异主要体现为两大方面：一是声母没有翘舌音，同时比普通话多出两个声母[ŋ]和[z]；二是宜宾话的韵母与普通话的韵母区别最为明显，宜宾话较普通话多出[æ]、[iæ]、[uæ]、[io]、[ʊ]五个特有的韵母。当然，在实际的语言运用中，宜宾话语音与普通话语音的具体差异远比这复杂得多。而对于宜宾话的语音研究，比如全面考察其音节声母与韵母配合规律，宜宾话声调与普通话声调对应规律等，都是应进一步探讨的话题，限于篇幅原因，笔者将另作探讨。总之，宜宾人在了解宜宾话声韵与普通话声韵的一定差异性之后，在学说普通话的过程中就能有意识地克服方音方面的缺陷，通过针对性地训练，从而提高讲普通话的水平与能力。

3.《自贡人怎么学普通话》

自贡人怎么学普通话[①]

王　浩

《中华人民共和国宪法》规定：国家推广全国通用的普通话。自贡人也不例外，虽然在目前的自贡城区，普通话不用推，已经成燎原之势，但是在广大的自贡农村，尚有绝大部分人口并未掌握普通话。特别是农村儿童，由于师资、教材、教学设备、语言环境等条件的限制，大部分对普通话的学习方法还较为陌生，急需掌握一套针对自贡人的普通学习的方法。而且在城市中的学校，也由于师资质量的良莠不齐，学生普通话水平也有高低不同的状况。这些情况都说明，在自贡，普通话的普及任务还远没有完成。本文章力求通过自贡方言语音、词汇、语法方面与普通话的对比分析，努力从中找出提高自贡人学说普通话能力的积极因素，从而快速促进普通话在自贡地区，特别是农村地区的进一步推广。

第一部分　普通话声母的学习方法

一、普通话声母的学习

自贡方言与普通话声母对照表如表 1 所示。

---

① 本文已在《自贡方言与社会应用》中发表刊出（西南交通大学出版社. 2016.7），有修改。

表1　自贡方言与普通话声母对照表

例字	普通话读音	自贡话读音	对应规律	例字	普通话读音	自贡话读音	对应规律
布	b	b		遍	b	p	b—p
怕	p	p		门	m	m	
飞	f	f		道	d	d	
抖	d	t	d—t	同	t	t	
南	n	l (n)	自由变体	路	l	l (n)	自由变体
老	l	l (n)	自由变体	贵	g	g	
龚	g	零	g—零	开	k	k	
红	h	h		胡	h	f	h—f
杰	j	j		街	j	g	j—g
秋	q	q		去	q	j	q—j
修	x	x		项	x	h	x—h
字	z	z		仓	c	c	
散	s	s		之	zh	zh	
吃	ch	ch		是	sh	sh	
师	sh	s	sh—s	日	r	r	
盐	零	零		矮	零	[ŋ]	零—[ŋ]
奥	零	[ŋ]	零—[ŋ]	恶	零	[v]	零—[v]
安	零	[ŋ]	零—[ŋ]	硬	零	[ŋ]	零—[ŋ]
宜	零	[ȵ]	零—[ȵ]	验	零	[ȵ]	零—[ȵ]

二、自贡方言与普通话声母对应规律分析

从表1中可以看出，普通话有21个辅音声母，另外还有一种"零声母"。自贡方言有24个辅音声母，也有零声母，其中n和l是自由变

体,不区别音位,故算一个声母。普通话与自贡方言中有二十个辅音声母是相同的,普通话中的所有的零声母在自贡话中也均有保留。但不同的是,自贡方言比普通话多出[v]、[ŋ]、[ɲ]三个声母。

根据表1,我们还可以找出以下几个方面的对应规律:

(1)普通话有 zh—z、ch—c、sh—s 的区别,自贡方言也有 zh—z、ch—c、sh—s 的明显区别,自贡方言除了极个别的字如"师""生"等与普通话不一致,发音由翘舌音念作平舌音外,在 zh—z、ch—c、sh—s 的对比上与普通话整体上保持了高度的一致。同时,自贡人在发翘舌音时,略比普通话舌尖靠后,略有发卷舌音之嫌。故外地人学自贡方言,故意将舌头卷起来发音,如将"自贡"发成"制贡",也"笑话"自贡方言与四川方言"湖广话"中不同的"另类"特征。

实际上,在四川官话中,有翘舌音的不仅是自贡方言,像内江、宜宾北部、凉山部分人,眉山的仁寿、川东北的巴中以及成都西部郊县(如都江堰)等都存在翘舌音甚至卷舌音的痕迹。只是,由于自贡方言的翘舌、平舌音与普通话的翘舌和平舌音对应度相对比较高,再加上自贡是一个地级市,并非像其他分布地区是县分或零散分布,才使得自贡方言的翘舌音在四川显得相对突出。但也正因为如此,自贡人学习普通话声母的时候,相对于没有翘舌音的四川其他方言人群来说有着明显的优势。这也是为什么 20 世纪 50 年代末,全国掀起推广普通话运动时,四川省确定自贡地区作为试点重点地区的原因。反过来说,外地人学自贡方言时,北方人就比四川人容易掌握,因为发音时舌头的平翘要比吐字时的声调更难以掌握。

(2)普通话有鼻音 n 和边音 l 的区分,而自贡方言中,边音和鼻音是自由变体,可以随意变化,不区别音位。所以常出现边音和鼻音不分、使用混乱的情况,如"老""里""南""怒"等。但是自贡方言有舌面鼻音声母[ɲ],且均与普通话鼻音声母 n 相对应,所以自贡人在发"女""年""你"等字时,通常会发成鼻音,绝不会与边音相混。这点使得自贡人在学习普通话时,相对于四川其他无鼻音声母[ɲ]的方言,能更容易记住鼻音的字,发音时也能更好地区别鼻音 n 和边音 l。

（3）普通话中部分读零声母的音节，在中古汉语中属于疑母[ŋ]或泥（娘）母[n̠]，如：ai、ao、e、o（uo）、an、iao、ing及i、ian等。自贡方言在演变中保留了中古声母，在使用时读有声母[ŋ]或[n̠]，如"矮"[ŋai53]、"奥"[ŋau214]、"恶"[ŋo214]、"我"[ŋo53]、"安"[ŋan55]、"咬"[ŋau53]、"硬"[ŋən214]、"仪"[n̠i21]、"验"[n̠ian214]等音。所以自贡人在用普通话读这类字词时必须小心，丢掉辅音声母，直接读成零声母。

（4）普通话中的hu音节，自贡方言都读成fu，如"户""呼""虎""互""壶""和"等音，因此自贡人在读合口呼u前的h和f时，一定要注意改读普通话读音。

（5）自贡方言中部分中古汉语的见组声母读音保留了下来，即部分普通话中带j、q、x声母的字，在自贡方言中读作g、k、h。如"街""角""觉""窖""敲""咸""下""项""鞋""衔"等，自贡方言读成"街[kai55]""角[ko214]""觉[kau214]""窖[kau214]""敲[kʰau55]""咸[xan21]""下[xa55]""项[xaŋ214]""鞋[xai21]""衔[xai21]"，所以自贡人在读此类词语的时候，一定要注意将g、k、h读成j、q、x。

（6）普通话中部分b声母的字，如"遍""别"等，自贡方言读成p声母，普通话中部分d声母的字，如"抖"，自贡话读成t声母。这类送气音与不送气音声母相反的词语，自贡人在读普通话时必须注意改读。

（7）普通话中零声母与韵母u相拼的字，如"乌""午""吴"等，均加浊辅音声母[v]，自贡方言中也有部分这样的字，如"恶[vu214]"，自贡人在读普通话时必须注意去掉浊辅音，并改读普通话韵母。

自贡方言中其他声母与普通话声母相同，读法一致。自贡人在学习普通话时，只需注意方言声母与普通话不一致的地方，按照对应规律改读即可。

第二部分　普通话韵母的学习方法

一、普通话韵母的学习

自贡方言与普通话韵母对照表如表 2 所示。

表 2　自贡方言与普通话韵母对照表

例字	普通话读音	自贡话读音	对应规律	例字	普通话读音	自贡话读音	对应规律
爬	a	a		波	o	o	
墨	o	ê	o—ê	拨	o	o	
恶	e	o		河	e	o	e—o
得	e	ê	e—ê	俄	e	o	e—o
欸	ê	ê		耳	er	er	
资	-i（前）	-i（前）		支	-i（后）	-i（后）	
地	i	i		古	u	u	
居	ü	ü		去	ü	i	ü—i
绿	ü	u	ü—u	育	ü	ü	
取	ü	üe	ü—üe	盖	ai	ai	
白	ai	ê	ai—ê	掰	ai	an	ai—an
倍	ei	ei		黑	ei	ê	ei—ê
类	ei	uei	ei—uei	保	ao	ao	
斗	ou	ou		肉	ou	u	ou—u
架	ia	ia		业	ie	ie	
茄	ie	üe	ie—üe	介	ie	iai	ie—iai

例字	普通话读音	自贡话读音	对应规律	例字	普通话读音	自贡话读音	对应规律
条	iao	iao		药	iao	üo	iao—üo
咬	iao	ao	iao—ao	就	iou	iou	
六	iou	u	iou—u	花	ua	ua	
过	uo	o	uo—o	国	uo	üe	uo—üe
怪	uai	uai		桂	uei	uei	
月	üe	üe		确	üe	üo	üe—üo
三	an	an		根	en	en	
省	eng	uen	eng—uen	风	eng	ong	eng—ong
烟	ian	ian		衔	ian	an	ian—an
紧	in	in		良	iang	iang	
星	ing	in	ing—in	短	uan	uan	
魂	uen	uen		笋	uen	en	uen—en
光	uang	uang		翁	ueng	ong	ueng—ong
冬	ong	ong		权	üan	üan	
云	ün	ün		琼	iong	ün	iong—ün

二、自贡方言与普通话韵母规律分析

从表 2 可以看出，普通话的韵母共有 39 个，而自贡方言比普通话多出 üo 和 iai、uê 三个韵母，同时，自贡方言没有韵母 uo、e、ing、ueng、eng。这样，自贡方言的韵母为 37 个。其中，üo 韵和 iai 韵为普通话 iao 韵和 ie 韵在自贡方言中的改变，韵母 ê 在多数情况下可单用。

根据表 2 我们可以看出，普通话与自贡方言在韵母方面的差异性对应规律明显比声母要丰富和复杂得多，主要表现在以下一些方面：

（1）普通话中的 ai 韵，在自贡方言中读作 ai 韵，如"代""害"

等；或 ê 韵，如"百""白""拍"等；或 an 韵，如"掰"。

（2）普通话中的 o 韵，在自贡方言中读作 o 韵，如"颇""播""摸""佛"等；或 ê 韵，如"迫""墨""伯"等

（3）普通话中的 ian 韵，在自贡方言中读作 ian 韵，如"见""现"等，或 an 韵，如"淹""衔"等。

（4）普通话中的 e 韵，在自贡方言中读作 o 韵，如"饿""恶""么""歌""和"等；或 ê 韵，如"蛇""惹""扯""车""得""德""隔""割""蛇"等。

（5）普通话中的 üe 韵，在自贡方言中读作 üe 韵，如"月""缺""绝"等；或 üo 韵，如"确""学""鹊""雀"等。

（6）普通话中的 ei 韵，在自贡方言中读作 ei 韵，如"倍""妹"等；或 uei 韵，如"类""泪""内""雷"等；或 ê 韵，"黑""北"等。

（7）普通话中的 uo 韵在自贡方言中读作 uê 韵，如"国""帼"；或 o 韵，如"郭""锅"等。

（8）普通话中的 ie 韵，在自贡方言中读作 ie 韵，如"借""且""怯"等；或 üe 韵，如"茄"；或 iai 韵，如"界""届"等；或 ai 韵，如"街""解"。

（9）普通话中的 ü 韵，在自贡方言中读作 ü 韵，如"雨""趋""育"；或读作 u 韵，如"绿""率"（效率）、"律"等；或 üe 韵，如"取""娶"等；或 i 韵，如"去"等。

（10）普通话中的 ou 韵，在自贡方言中读作 ou 韵，如"斗""兜""头"等；或 ong 韵，如"否""某"等；或 u 韵，如"肉"等。

（11）普通话的 iou 韵，在自贡方言中读作 iou 韵，如"久""秋""修"等；或 u 韵，"六"等。

（12）普通话中的 iao 韵，在自贡方言中读作 iao 韵，如"叫""小""翘"；或 ao 韵，"窖""觉""咬"等，或 üo 韵，如"药""角""脚"等。

（13）普通话中的 ueng 韵，在自贡方言中读作 ong 韵，如"翁""瓮"等。

（14）普通话中的 eng 韵，在自贡方言中读作 ong 韵，如"封""朋"

"梦"等，或 en 韵，如"彭""邓""横"等；或 uen 韵，如"省""绳"等。

（15）普通话中的 ing 韵，在自贡方言中读作 in 韵，如"冰""丁""清""玲""英"等。

（16）普通话中的 uen 韵，在自贡方言中读作 uen 韵，如"滚""昆""昏""问"；或 en 韵，如"笋""顿""轮"（站~子，排队）等；

（17）普通话中的 iong 韵，在自贡话方言读作 iong 韵，如"穷""凶"等；或 ün 韵，如"琼""炯"等；

自贡方言中其他韵母与普通话韵母相同且读法一致。自贡人在学习普通话时，只需注意方言韵母与普通话不一致的地方，按照对应规律改读即可。

第三部分　普通话声调的学习方法

一、普通话声调的学习

自贡方言与普通话声调对照表如表 3 所示。

表 3　自贡方言与普通话声调对照表

例字	普通话调类	普通话调值	自贡方言调类	自贡方言调值	对应规律
阿	阴平	55	阴平	35	阴 55—阴 35
悲	阴平	55	阴平	35	阴 55—阴 35
七	阴平	55	去声	214	阴 55—去 214
黑	阴平	55	去声	214	阴 55—去 214
门	阳平	35	阳平	21	阳 35—阳 21
国	阳平	35	去声	214	阳 35—去 214
白	阳平	35	去声	214	阳 35—去 214
然	阳平	35	阳平	21	阳 35—阳 21

例字	普通话调类	普通话调值	自贡方言调类	自贡方言调值	对应规律
人	阳平	35	阳平	21	阳 35—阳 21
别	阳平	35	去声	214	阳 35—去 214
得	阳平	35	去声	214	阳 35—去 214
没	阳平	35	阴平	35	阳 35—阴 35
惹	上声	214	上声	42	上 214—上 42
秒	上声	214	上声	42	上 214—上 42
里	上声	214	上声	42	上 214—上 42
铁	上声	214	去声	214	上 214—去 214
场	上声	214	阳平	21	上 214—阳 21
是	去声	51	阴平	35	去 51—阴 35
树	去声	51	阴平	35	去 51—阴 35
辣	去声	51	去声	214	去 51—去 214
热	去声	51	去声	214	去 51—去 214

二、自贡方言与普通话声调规律分析

从表 3 可看出，普通话的调类有阴平（高平调）、阳平（高升调）、上声[降升调（低降中升）]和去声（全降调）四类，调值分别标记为 55、35、214 和 51。相对于普通话而言，自贡方言的调类总体上为四类，与普通话的调类保持一致，即仍有阴平、阳平、上声与去声之分，只是在发音的调值上与普通话略有区别。自贡方言的调值大致为阴平 35（中升调）、阳平 21（中降调）、上声 42[高降调（高降中）]与去声 214[降升调（低降中升）]四种。尽管类数一致，但是在和普通话的调类与调值的具体对应上，并非常常体现出一致性，往往还呈现出较大的差别，具体而言，有如下一些规律：

（1）普通话里的阴平调（55），绝大多数情况下在自贡方言里仍为阴平调，调值为 35 调；实际上在普通话音节中，带有 a、i、ia、o、u、ua、e、ei、ie 等单元音韵母和二合元音复韵母的一些古调类为入声。今读阴平调的字，如"八""激""夹""泼""屋""刮""割""颗""黑"等，在自贡话方言中读作去声调（214）。

（2）普通话里的阳平调（35），多数情况下在自贡方言里为阳平调，调值为 21 调。在普通话音节中，带有 a、i、ai、uo、üe、u、e、ie 等单元音韵母和二合元音复韵母的一些古调类为入声，今读阳平调的字，如"达""即""白""国""毒""得""别"等，在自贡方言中读去声调（214）。少数读阴平，如"没"。

（3）普通话里的上声调（214），多数情况下在自贡方言里为上声，调值为 42 调；部分古入声字，今读上声的字，在自贡方言中读去声（214），如"铁"；也有少量的上声字，读为阳平（21）如，"场"。

（4）普通话里的去声调（51），在自贡方言里主要表现为去声（214）和阴平（35）上。去声读为阴平的情况，体现在带有 i、ai、ao、u、e 等单元音韵母和二合元音复韵母，且中古声母为浊音声母的字上，如"是""害""树""路""抱"等。

总体来讲，自贡方言声调与普通话声调最大的差异在于：中古的入声字，在自贡方言中大部分都读作去声调；部分中古带浊音声母的上声字和去声字，在自贡方言中读阴平调。因此自贡人在学习普通话时要严格按照这个对应规律来改读，同时对于部分与普通话没有对应规律的字，如"没""场"等字，则要注意记住它们的普通话读音，避免读错。

第四部分　普通话语流音变的学习方法

音变：语音的变化。人们在说话或者朗读的时候，并不是将音节一个一个孤立地发出，而是将一串语音一个接一个地发出，形成连绵不绝的"语流"。而在语流中，由于相邻音节的相互影响或表达意思的需要，有些音节的语音便会产生一定的变化，这种变化我们称之为"语流音变"。在普通话语音中，有在连续发音中受前后音的影响而发生的变化，也有历史性的变化。常见的普通话语流音变有同化、异化、弱化等，主要包括变调、轻声、儿化、语气词"啊"的变读。

一、变调的学习

原调：原调是一个字单念时候的声调。

变调：声调音变，相邻音节互相影响而产生的音高变化。语言常是词与词、音节与音节相连的。在语流中，相连音节的声调相互制约使有些音节的声调起了一定的变化，与单读时调值不同，这种变化叫作变调。自贡方言中也有变调现象，如语流中两个去声调相连，后面的去声变阴平现象。但是普通话的变调规律与自贡方言完全不同，主要涉及上声的变调、去声的变调、"一、不"的变调、重叠式形容词的变调。

1. 上声的变调

（1）上声音节单念或在词句末尾时读本调，即降升调，调值为214。

（2）上声在非上声音节前（即在阴平、阳平、去声前），由降升调变为低降调（或称为"半上"），只降不升，调值为21。例如：

在阴平前：火车//许多

在阳平前：改革//果实

在去声前：解放//榜样

（3）两个上声相连，前一个上声只升不降，调值读法变为阳平（35）。

例如：水手//勇敢//美好//讲解

（4）上声音节在轻声音节前，变调要考虑到轻声字的本调。

①在轻声音节本调为非上声音节时，上声由降升调变为低降调（或称为"半上"），只降不升，调值为21。

例如：我的//脑袋

②在轻声音节本调为上声时，上声只升不降，读法近似阳平（24）。

例如：晌午//小姐

（5）三个上声音节连读的变调

如果三个上声相连，前两个字根据词语的结构变调。

当词语结构是"双单格"时，前两个上声都变成阳平的调值（35）。例如：

展览馆　214+214+214→24+24+214

当词语结构是"单双格"时，第一个上声变降调（调值 21），第二个上声变成阳平的调值（35）。例如：

纸老虎　214+214+214→21+24+214

小拇指　214+214+214→21+24+214

2. 去声的变调

两个去声音节相连，前一个若不是重读音节，则变为"半降"，调值为53。例如："现代""社会""变化""汉字""大地""贵重""奋斗""纪录"等。

3. "一"、"不"的变调

（1）"一"的变调。

"一"的本调是阴平。单用，在语句末尾，表序数，在一连串数字中，都念本调。例如：第一，一中。

变调有三种：

①在去声前变阳平。例如：一件、一样。

②在非去声前变去声。例如：一天、一年、一本。

③夹在重叠的动词中间变轻声。例如：看一看、试一试。

（2）"不"的变调。

"不"的本调是去声。单用，在语句末尾，在非去声前，都念本调。例如：不、我不、不听。变调有两种：

①在去声前变阳平。

例如：不去、不是、不至于。

②夹在词语中间变轻声。

例如：差不多、挡不住、行不行、去不去。

4. 重叠式形容词的变调

（1）单音节形容词重叠（AA 式），如果重叠部分儿化，第二个音

节不管原来是什么声调，都应念成阴平。例如："短短儿的"变读为
duǎnduānrde，"快快儿"变读成 kuàikuāir；如果重叠部分不儿化，
则保持原调不变。

（2）双音节形容词重叠（AABB 式），有时第二个音节轻读，第三、
四个音节都念阴平。但口头上常说的重叠形容词，可不变调。例如：

整整齐齐 zhěngzhěngqíqí→zhěngzhengqīqī

清清白白 qīngqīngbáibái→qīngqingbáibái

（3）单音节形容词的叠音后缀（ABB 式），不管它原来是什么声调，
也都念阴平。例如：

亮堂（liàng·tang）→亮堂堂（liàngtāngtāng）

沉甸甸（chéndiāndiān，"甸"单字音读 diàn）

热腾腾（rètēngtēng，"腾"单字音读 téng）

二、轻声的学习

（一）轻声的性质

　　普通话的每个音节都有一定的声调，但有的音节在一定的场合里
会失去原有的声调，变成了一种又轻又短的调子，这就叫作轻声。轻
声是四声的一种特殊音变，一般地说任何一种声调的字在一定条件下，
都可以失去原来的声调，变读轻声。轻声在物理属性上的主要表现是
音长变短，音强变弱。它的音高因受前一个字声调的影响而不固定。
自贡方言没有轻声，在学习普通话时一定要注意轻声的读法。

（二）轻声的发音

　　一般地说，上声字后头的轻声字的音高比较高，阴平阳平字后头
的轻声字偏低，去声字后头的轻声字最低。

调类	调值	举例
去声+轻声	1 度低	兔子、帽子
阴平+轻声	2 度半低	鸭子、桌子
阳平+轻声	3 度中	儿子、橘子
上声+轻声	4 度半高	椅子、点子

（三）普通话里哪些字词读轻声

普通话中有些语法成分要读轻声，它们有较强的规律性。这些语法成分主要有以下几种：

（1）助词"的""地""得""着""了""过"和语气词"吧""嘛""呢""啊"等。例如：

我的书　　慢慢地说　　跑得快

说着　　看了　　来过

去吧　　好嘛　　他呢　　走啊

（2）叠音词和动词重叠形式后头的音节。例如：

妈妈　　星星　　看看　　听听　　说说

商量　　商量　　研究研究　　学习学习

（3）名词后边的"们""子""头"。例如：

孩子们　　桌子　　木头

但是"原子""电子""烟头"等词中的实语素"子""头"不读轻声。

（4）名词、代词后边表示方位的"上""下""里""面""边"等。例如：

树上　　地下　　屋里　　外面　　左边　　那边

如果强调的是方位本身，"上""下""里"等作为独立的方位词时，不读轻声。例如：

楼上　　楼下　　城里

（5）动词后边表示趋向的"来""去""起来""下去"等。例如：

拿来　　出去　　站起来　　干下去

（6）代词、数词后边的"个"。

这个　　那个　　三个

此外，还有一些双音词第二个音节习惯上读轻声。例如：玻璃、耳朵、清楚、便宜、衣服、道理、客气、声音、凉快、打听、聪明、照顾、钥匙、关系、脑袋、护士、窗户、消息、西瓜、干部、算盘、应付、吩咐、稀罕、力量、丈夫、包袱、萝卜、骆驼、商量、明白、胳膊、阔气、事情等。上述这些双音词中读轻声的音节，如果组合在另外的双音词里，并且在词义构成上成为被前一音节修饰、限制的成分，则不读轻声。例如制服、真理、元音、空气、好听、敌情等。

（四）轻声的作用

轻声并不是纯粹的语音现象，普通话里，大多数轻声同词汇语法意义有着一定的联系，它在辨别词义、区分词性和区分有些词或句子的构成方式方面有一定的作用。

（1）对某些词或短语有区别意义和结构的作用。例如：

帘子 liánzi（门帘或窗帘，加后缀的合成词）

莲子 liánzǐ（莲的果实，偏正式合成词）

是非 shìfei（纠纷，词，如"招惹是非"）

是非 shìfēi（正确和错误，短语，如"分清是非"）

（2）对某些词有区别词性的作用。例如：

人家 rénjia（代词，指自己或别人）

人家 rénjiā（名词，指住户，也指女子未来的夫家）

大意 dàyi（形容词，粗心）

大意 dàyì（名词，讲话或文章的主要内容）

（3）对某些句子有区别句法结构的作用。例如：

我想起来了，他是我小学时的同学。（"起来"读轻声，作补语）

时间不早了，我想起来了。（"起来"不读轻声，作宾语）

三、儿化的学习

（一）儿化的性质

自贡方言与普通话均有儿化现象。卷舌元音 er 跟其他韵母结合成一个音节，并使这个韵母成为卷舌韵母，这种现象就叫"儿化"。儿化的基本性质是在韵母发音的同时带上卷舌动作。儿化了的韵母叫作"儿化韵"。"儿化韵"汉字书写形式中的"儿"字不代表一个单独的音节，而是表示前一个字（音节）附加的卷舌动作。

（二）儿化的发音

自贡方言的儿化读法大都是声母直接加[ɚ]，而普通话儿化的发音有两种情况。一种是韵母的发音同卷舌动作没有冲突，儿化时原韵母不变只加卷舌动作。韵母或韵尾是 ɑ、o、e、u、ê 的音节属于这种情况。例如：

刀把儿 dāobàr   小猫儿 xiǎomāor

另一种是韵母的发音同卷舌动作有冲突，儿化时要在卷舌的同时变更原来韵母的结构和音色。韵母或韵尾是 i、ü、-i[ɿ、ʅ]、n、ng 的音节属于这种情况。由于变化情况较复杂，需要分别加以分析说明。

（1）韵母是 i、ü 的音节，加卷舌音 er。例如：

小米儿 xiǎomiěr   小驴儿 xiǎolüér

（2）韵母是 in、ün 的音节，去掉韵尾 n，再按韵母是 i、ü 的音节儿化。例如：

皮筋儿 píjiēr   短裙儿 duǎnquér

（3）韵母是 -i-i[ɿ、ʅ]的音节，-i 失落，变成 er。例如：

棋子儿 qízěr   树枝儿 shùzhēr

（4）韵尾是 i、n（in、ün 除外）的音节，去掉 i 或 n，在韵腹上加卷舌动作，如：

蛋白儿 dànbár　　刀背儿 dāobèr

（5）韵尾是 ng 的音节，去掉 ng，主要元音鼻化。韵腹是 a、o、e 的，直接加卷舌动作；韵腹是 i 的，加 e[ɣ]鼻化，同时加卷舌动作。例如：

鞋帮儿 xiébangr

（三）儿化的作用

（1）区别词义：

眼（眼睛）　　眼儿（小孔）

（2）区分词性：

画（动词）　　画儿（名词）

（3）表示细小、轻微：

小刀儿　　水珠儿

（4）带有亲切、喜爱的感情色彩：

宝贝儿　　小赵儿

四、语气助词"啊"的音变

"啊"是可以表达多种感情语气的一个词，如果用在句首，它的词性是叹词，读音不受别的音的影响，仍念作"啊"（a）。例如：

啊（ā），我知道了啊。（"啊"表示比较平静的感情）

啊（á），你说什么啊？（"啊"表示追问）

啊（ǎ），是怎么回事啊？（"啊"表示惊奇）

啊（à），原来是这样啊。（"啊"表示恍然大悟）

而"啊"用在句尾的时候，它的词性就是语气助词，读音就要受它前面音节末尾音素的影响而发生变化。具体变化规律如下表所示：

"啊"前音节末尾音素	"啊"的变读	范例及规范书写字
i、ü、a、o、e、ê	+a→ia	您从哪儿来呀（啊）！
u、ao[au]	+a→ua	您在哪儿住哇？
-n	+a→na	这花开得多艳哪？
-ng	+a→[ŋA]	我们一起唱啊！
[ɿ]、er	+a→[za]	这是怎么回事啊！
[ʅ]	+a→[ʐa]	你去过几次啊？

第五部分　普通话词汇语法的学习方法

　　语言三要素包括语音、词汇和语法。普通话与方言的差异虽主要表现在语音上，自贡方言在词汇和语法上与普通话的差异也是显而易见的。因此，学习普通话，既要注意语音的学习，又不能忽视词汇和语法的学习。

一、词汇

　　同普通话词汇相比较，自贡方言词汇中，既有与普通话词汇重合的部分，也有与普通话词汇系统迥然不同的部分。在学习中，前一部分较为简单，后一部分是我们学习的重点和难点，找出方言词汇与普通话词汇的主要差异，才能有效帮助我们学习好普通话。

（一）方言词汇与普通话词汇的主要差异

1. 词形不同，词义相同

　　以"小孩儿"这个词为例，自贡方言有不同的词形："小娃儿"。再如"头"这个词，自贡方言称为"脑壳"。相同的意思，自贡方言和普通话的用词差异很大。

2. 词义不同，词形相同

这类词语，是在说普通话时最容易错的词语，并且最容易产生歧义的一批词。比如"手"字，在普通话中是指手掌，而在自贡方言中，指的是包括手掌、胳膊、肘在内的整个上肢。再比如，"脚"在普通话中指的是脚踝以下部位，而在自贡方言中指整个下肢。

3. 自贡方言中，语素有特定的构词规律

（1）自贡方言中，名词大量采用了重叠形式，有的重叠还加上了儿化：

普通话	饼	角落	坎	筛子	豆子	盖子
自贡方言	粑粑儿	旮旯儿	坎坎儿	筛筛儿	豆豆儿	盖盖儿

（2）自贡方言中，名词常加上一些虚语素：

普通话	虾	苍蝇	姑娘	碗里	盐	胳膊
自贡方言	虾子	苍蝇儿	姑娘儿	碗头	盐巴	手杆

对这类方言词语，可以利用类推的方法换成相应的普通话词语。

二、语法

普通话是以典范的现代白话文著作为语法规范。自贡方言与普通话相比较，语法方面的差异较小，但这并不是说就不用去留意，相反，我们应该重视方言与普通话语法的差异，因为如果在说普通话时，在构词和语序上仍然遵从方言的习惯，造出的句子不仅不符合普通话语法规范，并且会影响表情达意的效果，在有些情况下还会贻笑大方，如"你打不打得来篮球。"（自贡方言，意为你会不会打篮球）。

（一）语序

普通话语序有部分与自贡方言不同。自贡方言中有将宾语放在补语之前的情况，如普通话中的"说不过他。"在自贡方言中表达为"说他不赢。"

（二）虚词

普通话与自贡方言在虚词方面的差异主要体现在助词和语气词的使用上。如"它们开着会。"中的"着"，是表示正在进行或某种状态的动态助词，在自贡方言中往往改用为"起"或"斗"："他们开起会的。"或"他们开斗会的。"

自贡方言中有许多与普通话不同的语气词，比如常使用"噻""嘎""哒"等。

（三）量词

在量词的使用上，普通话与自贡方言也存在一些不同，如：

普通话	一块肉	一座房子	一座山
自贡方言	一砣肉	一墩房子	一匹山

（四）词语的搭配

自贡方言中，词语的搭配与普通话差异很大，如：

普通话	自贡方言
吃饭（固态）	吃饭（固态）
喝汤（液态）	吃汤（液态）
吸烟（气态）	吃烟（气态）

附录二：国家关于推广普通话的部分法律法规

1.《中华人民共和国宪法》（节选）
中华人民共和国宪法（节选）
（1982年12月4日第五届全国人民代表大会第五次会议通过 1982年12月4全国人民代表大会公告公布施行 根据1988年4月12日第七届全国人民代表大会第一次会议通过的《中华人民共和国宪法修正案》、1993年3月29日第八届全国人民代表大会第一次会议通过的《中华人民共和国宪法修正案》、1999年3月15日第九届全国人民代表大会第二次会议通过的《中华人民共和国宪法修正案》和2004年3月14日第十届全国人民代表大会第二次会议通过的《中华人民共和国宪法修正案》修正）

第一章 总 纲
第十九条 国家推广全国通用的普通话。

2.《中华人民共和国国家通用语言文字法》
中华人民共和国国家通用语言文字法
（2000年10月31日第九届全国人民代表大会常务委员会第十八次会议通过）

第一章 总 则
第一条 为推动国家通用语言文字的规范化、标准化及其健康发展，使国家通用语言文字在社会生活中更好地发挥作用，促进各民族、各地区经济文化交流，根据宪法，制定本法。
第二条 本法所称的国家通用语言文字是普通话和规范汉字。
第三条 国家推广普通话，推行规范汉字。

第四条 公民有学习和使用国家通用语言文字的权利。

国家为公民学习和使用国家通用语言文字提供条件。

地方各级人民政府及其有关部门应当采取措施，推广普通话和推行规范汉字。

第五条 国家通用语言文字的使用应当有利于维护国家主权和民族尊严，有利于国家统一和民族团结，有利于社会主义物质文明建设和精神文明建设。

第六条 国家颁布国家通用语言文字的规范和标准，管理国家通用语言文字的社会应用，支持国家通用语言文字的教学和科学研究，促进国家通用语言文字的规范、丰富和发展。

第七条 国家奖励为国家通用语言文字事业做出突出贡献的组织和个人。

第八条 各民族都有使用和发展自己的语言文字的自由。

少数民族语言文字的使用依据宪法、民族区域自治法及其他法律的有关规定。

第二章 国家通用语言文字的使用

第九条 国家机关以普通话和规范汉字为公务用语用字。法律另有规定的除外。

第十条 学校及其他教育机构以普通话和规范汉字为基本的教育教学用语用字。法律另有规定的除外。

学校及其他教育机构通过汉语文课程教授普通话和规范汉字。使用的汉语文教材，应当符合国家通用语言文字的规范和标准。

第十一条 汉语文出版物应当符合国家通用语言文字的规范和标准。

汉语文出版物中需要使用外国语言文字的，应当用国家通用语言文字做必要的注释。

第十二条 广播电台、电视台以普通话为基本的播音用语。

需要使用外国语言为播音用语的，须经国务院广播电视部门批准。

第十三条 公共服务行业以规范汉字为基本的服务用字。因公共服务需要，招牌、广告、告示、标志牌等使用外国文字并同时使用中文的，应当使用规范汉字。

提倡公共服务行业以普通话为服务用语。

第十四条　下列情形，应当以国家通用语言文字为基本的用语用字：

（一）广播、电影、电视用语用字；

（二）公共场所的设施用字；

（三）招牌、广告用字；

（四）企业事业组织名称；

（五）在境内销售的商品的包装、说明。

第十五条　信息处理和信息技术产品中使用的国家通用语言文字应当符合国家的规范和标准。

第十六条　本章有关规定中，有下列情形的，可以使用方言：

（一）国家机关的工作人员执行公务时确需使用的；

（二）经国务院广播电视部门或省级广播电视部门批准的播音用语；

（三）戏曲、影视等艺术形式中需要使用的；

（四）出版、教学、研究中确需使用的。

第十七条　本章有关规定中，有下列情形的，可以保留或使用繁体字、异体字：

（一）文物古迹；

（二）姓氏中的异体字；

（三）书法、篆刻等艺术作品；

（四）题词和招牌的手书字；

（五）出版、教学、研究中需要使用的；

（六）经国务院有关部门批准的特殊情况。

第十八条　国家通用语言文字以《汉语拼音方案》作为拼写和注音工具。

《汉语拼音方案》是中国人名、地名和中文文献罗马字母拼写法的统一规范，并用于汉字不便或不能使用的领域。

初等教育应当进行汉语拼音教学。

第十九条　凡以普通话作为工作语言的岗位，其工作人员应当具备说普通话的能力。

以普通话作为工作语言的播音员、节目主持人和影视话剧演员、教师、国家机关工作人员的普通话水平，应当分别达到国家规定的等级标准；对尚未达到国家规定的普通话等级标准的，分别情况进行培训。

第二十条　对外汉语教学应当教授普通话和规范汉字。

第三章　管理和监督

第二十一条　国家通用语言文字工作由国务院语言文字工作部门负责规划指导、管理监督。

国务院有关部门管理本系统的国家通用语言文字的使用。

第二十二条　地方语言文字工作部门和其他有关部门，管理和监督本行政区域内的国家通用语言文字的使用。

第二十三条　县级以上各级人民政府工商行政管理部门依法对企业名称、商品名称以及广告的用语用字进行管理和监督。

第二十四条　国务院语言文字工作部门颁布普通话水平测试等级标准。

第二十五条　外国人名、地名等专有名词和科学技术术语译成国家通用语言文字，由国务院语言文字工作部门或者其他有关部门组织审定。

第二十六条　违反本法第二章有关规定，不按照国家通用语言文字的规范和标准使用语言文字的，公民可以提出批评和建议。

本法第十九条第二款规定的人员用语违反本法第二章有关规定的，有关单位应当对直接责任人员进行批评教育；拒不改正的，由有关单位做出处理。

城市公共场所的设施和招牌、广告用字违反本法第二章有关规定的，由有关行政管理部门责令改正；拒不改正的，予以警告，并督促其限期改正。

第二十七条　违反本法规定，干涉他人学习和使用国家通用语言文字的，由有关行政管理部门责令限期改正，并予以警告。

第四章　附　则

第二十八条　本法自 2001 年 1 月 1 日起施行。

3.《中华人民共和国民族区域自治法》（节选）

中华人民共和国民族区域自治法（节选）

（1984 年 5 月 31 日第六届全国人民代表大会第二次会议通过　根据 2001 年 2 月 28 日第九届全国人民代表大会常务委员会第二十次会议《关于修改〈中华人民共和国民族区域自治法〉的决定》修正）

第三章　自治机关的自治权

第三十七条　招收少数民族学生为主的学校（班级）和其他教育机构，有条件的应当采用少数民族文字的课本，并用少数民族语言讲课；根据情况从小学低年级或者高年级起开设汉语文课程，推广全国通用的普通话和规范汉字。

4.《国家中长期语言文字事业改革和发展规划纲要（2012—2020 年）》

国家中长期语言文字事业改革和发展规划纲要

（2012—2020 年）

序　言

语言文字是人类最重要的交际工具和信息载体，是文化的基础要素和鲜明标志，是促进历史发展和社会进步的重要力量。语言文字事业具有基础性、全局性、社会性和全民性特点，是国家文化建设和社会发展的重要组成部分，事关历史文化传承和经济社会发展，事关国家统一和民族团结，事关国民素质提高和人的全面发展，在国家发展战略中具有重要地位和作用。全面建成小康社会，构建中华民族共有精神家园，提高国家文化软实力，加快推进教育现代化，都对语言文字事业提出了新的要求。必须树立和增强高度的文化自觉和文化自信，努力推进语言文字事业全面发展，为全面建成小康社会、实现中华民族伟大复兴贡献力量。

第一章　指导思想

高举中国特色社会主义伟大旗帜，以邓小平理论、"三个代表"重要思想、科学发展观为指导，全面贯彻《国家通用语言文字法》，尊重语言文字发展规律，主动适应国家经济社会发展新要求，围绕中心、服务大局，拓宽视野、改革创新，大力推广和规范使用国家通用语言文字，科学保护各民族语言文字，加强语言文字基础建设和管理服务，增强国家语言实力，提高国民语言能力，构建和谐语言生活，服务教育现代化，服务社会主义文化强国建设，推进语言文字事业全面发展。

大力推广国家通用语言文字。推广和普及国家通用语言文字是贯彻落实国家法律法规的基本要求，是维护国家主权统一、促进经济社会发展、增强中华民族凝聚力和文化软实力的重要内容。要健全完善语言文字法律制度规范，加强宏观政策指导。要增加法治意识，提高依法行政能力，加大培训测试及评估力度，采取切实有效措施，推进国家通用语言文字在全国范围内基本普及。

规范使用国家通用语言文字。要加强语言文字规范标准建设，强化国家通用语言文字规范意识，提升国民语言文字应用能力，提高全社会语言文字规范化水平，增强国家文化软实力。

科学保护各民族语言文字。尊重各民族使用和发展自己的语言文字的自由。树立各民族语言文字都是国家宝贵文化资源的观念，有针对性地采取符合实际的保护措施，充分发挥语言文字在传承和弘扬中华优秀文化中的重要作用，构建中华民族共有精神家园。

构建和谐语言生活。语言文字工作要创新理念和体制机制，要自觉融入国家改革发展大局，服务经济社会发展和人民群众需要，主动结合教育、文化、传媒、信息、商务等领域的建设和发展，坚持监督检查和服务社会并举。科学规划各种语言文字的定位和功能，妥善处理语言生活中的新情况新问题，推进语言文字事业全面、协调、可持续发展，促进和谐社会建设。

第二章　目标和任务

一、总体目标

到 2020 年，普通话在全国范围内基本普及，汉字社会应用的规范化程度进一步提高，汉语拼音更好地发挥作用。语言文字规范标准基本满足社会需求，信息化水平进一步提高。语言文字社会管理服务能力全面提升，社会管理服务体系基本建成。各民族语言文字的科学保护得到加强。语言文字传承和弘扬中华优秀文化的作用进一步发挥。国家语言实力显著增强，国民语言能力明显提高，社会语言生活和谐发展。

二、主要任务

（一）大力推广和普及国家通用语言文字。

加大《国家通用语言文字法》的宣传教育力度。将《国家通用语言文字法》列入普法教育内容，增强教师、机关工作人员和新闻出版、广播影视、公共服务行业从业人员的国家通用语言文字规范意识和法制意识，树立全体国民的国家通用语言文字意识。

提高国家通用语言文字普及程度。到 2015 年，普通话在城市基本普及，在农村以教师、学生和青壮年劳动力为重点基本普及，汉字社会应用基本规范；到 2020 年，国家通用语言文字在全社会基本普及，全国范围内语言交际障碍基本消除。

加快民族地区国家通用语言文字的推广和普及。加大宣传培训力度，积极稳妥推进双语教育。到 2020 年，少数民族双语教师达到国家通用语言文字教学要求，完成义务教育的少数民族学生能够熟练掌握国家通用语言文字。

加大《汉语拼音方案》的推行力度。加强学校汉语拼音教学。充分利用汉语拼音作为拼写和注音的工具，进一步发挥其在汉字不便或不能使用领域，以及信息处理、国际交往、国际汉语教育和海外华文教育中的作用。

（二）推进语言文字规范化标准化信息化建设。

加强语言文字规范化工作。树立科学的语言文字规范观，进一步完善语言文字规范标准体系。妥善处理语言文字规范与发展的关系，深入研究语言文字规范标准制定和施行的规律，积极做好语言文字规范标准的宣传、普及和应用的社会服务工作。

推进语言文字标准化建设。加强国家语言文字标准的统筹管理，健全语言文字标准的层级和体系。加快制订、完善国家通用语言文字和少数民族语言文字基础标准、应用能力标准、评测认证标准、通用手语和通用盲文标准、外国语言文字使用规范，重点建设教育、信息处理、广播影视、新闻出版、辞书编纂和公共服务等领域的标准。及时开展标准的复审、修订等工作。

提升语言文字信息化水平。加强面向中文信息处理的语言文字基础工程建设，开展以语言文字处理为核心的关键技术联合攻关，形成一批具有自主知识产权的核心技术，提高中文信息处理水平。建设语言文字数据库、资源库和学习平台。

（三）加强语言文字社会应用监督检查和服务。

强化语言文字社会应用的监督检查。加强对学校、机关、新闻出版、广播影视、公共服务行业和公共场所语言文字使用情况的监督检查。加强对教材、图书（特别是辞书）、影视剧等文化产品和信息技术产品语言文字使用的监督检查。加强外国语言文字使用管理，推进外语中文译写规范工作。

加强社会语言生活监测和引导。引导网络、手机等新媒体规范使用语言文字。打造社会语言生活监测平台，跟踪研究语言生活中出现的新现象和新问题，纠正语言文字使用不规范的现象，引导社会语言生活健康发展，形成规范使用语言文字的社会氛围。

做好语言文字社会咨询服务工作。建设语言文字应用咨询服务平台，利用现代信息技术等多种手段，为社会提供语言文字政策法规、规范标准和语言文字使用等的咨询服务。

（四）提高国民语言文字应用能力。

提高国民语言文字应用能力。建立和完善国家通用语言文字应用能力测评体系，提高全社会对语言文字学习的重视程度，促进国民语言文字应用能力的提升。

受过初等教育的国民普遍具备普通话、规范汉字和汉语拼音的应用能力；具有中等及以上教育程度的国民，其国家通用语言文字水平达到相应要求，具有较好的使用普通话和规范汉字表达、沟通的能力。全社会语言规范意识进一步增强，公民在公共场合自觉使用普通话和规范汉字，语言文字社会应用的规范化水平进一步提高。

（五）科学保护各民族语言文字。

正确处理各种语言文字关系。依法妥善处理好国家通用语言文字与汉语方言、繁体字、少数民族语言文字的关系及学习使用问题，努力营造守法、健康、和谐的社会语言文字环境。

增强全社会的语言资源观念和语言保护意识。积极开展树立语言资源观念和科学保护意识的各项公益性活动。

加强各民族语言文字的科学研究和资源开发利用。加强语言资源数字化建设，推动语言资源共享，充分挖掘、合理利用语言资源的文化价值和经济价值。建立和完善语言资源库，探索方言使用和保护的科学途径，用现代技术手段记录保存少数民族濒危语言。

（六）弘扬传播中华优秀文化。

充分发挥语言文字传承弘扬中华优秀文化的载体作用。积极开展中华经典诵写讲等活动，加强中华优秀文化传统教育和革命传统教育，提升国民的文化素养和道德素养。

拓展深化与港澳台地区的交流。建立民间语言文字协商机制，促进语言文字学术交流和语言文化交流，为港澳台同胞学习使用普通话提供服务。

推进国际汉语教育。加强国际汉语教育教师培训、教材建设和教学研究，继续推动汉语相关水平测试向海外拓展，增强中华文化国际影响力。继续发挥普通话、规范汉字和《汉语拼音方案》在国际汉语教育和海外华文教育中的主导作用。

提升中文国际地位。促进中文成为有关国际组织的正式工作语言、国际会议的会议语言，提升中文在国际学术界的影响力。扩大、深化与世界各国和地区的语言文化交流与合作。

（七）加强语言文字法制建设。

研究修订《国家通用语言文字法》，争取在 2020 年前完成《国家通用语言文字法》的修订工作。及时跟踪、研究语言文字领域的新情况、新问题，根据实际需要和研究成果，研究制定配套的法规、规章。加强语言文字执法工作，增强公民依法使用语言文字的意识，使有关法律规定落到实处。

第三章　重点工作
一、推广普及

（一）语言文字规范化建设。

继续实施语言文字规范化示范校项目。完善国家级和省级语言文字规范化示范校项目标准，将示范校创建作为教育质量监测、高校教学评估、各级示范性学校评审等工作的重要内容。

继续推进城市语言文字工作评估。坚持"重在建设，重在过程，重在实效"的原则，调整完善评估指标体系，对尚未达标的城市加强指导、检查、督促。二类城市在 2015 年、三类城市在 2020 年完成达标验收。建立城市评估复检制度，促进已达标城市保持并不断提高规范化水平。推动将语言文字规范化工作纳入文明城市创建、各级政府及领导干部工作实绩考核范围。

开展区域语言文字规范化达标工作。以城市为中心、辐射带动农村地区，促进区域语言文字规范化水平整体提升。由省级语言文字工作部门根据实际制订区域语言文字规范化工作推进方案，开展试点，分步实施。

推进重点行业系统语言文字规范化工作。推动学校、机关、新闻出版、广播影视和公共服务行业的语言文字规范化工作，适时开展行业规范化示范单位创建评估工作。推动军队系统语言文字规范化建设和普通话培训测试工作。

（二）国家通用语言文字培训。

教师、校长（园长）普通话培训。新进教师普通话水平应符合教师资格所规定的普通话等级要求。全体教师都要参加普通话水平测试。对普通话水平未达标的中小学、幼儿园教师和校长（园长）进行普通话培训，使其达到规定标准。开展国家级和省级中华经典诵读教育骨干教师培训。

相关行业从业人员培训。把国家通用语言文字培训列为学校、机关、新闻出版、广播影视和公共服务行业从业人员培训内容，加大培训力度。开展多层次语言文字应用能力培训，满足不同职业、不同岗位业务培训要求。

进城务工人员普通话培训。推动用人单位、劳动就业服务部门和进城务工人员输出、输入地相关部门对务工人员进行普通话培训，提高其就业能力。

二、基础建设

（三）语言文字规范标准建设。

加强语言文字规范标准统筹管理。建立规范化、标准化工作长效机制，构建和完善与《国家通用语言文字法》实施相配套的语言文字规范标准体系，加强语言文字技术标准、管理标准和工作标准建设，健全规范标准层级。

加强语言文字规范标准制订和修订工作。重点制订和完善汉字字形及属性、普通话语音、地名、科技术语、外国人名地名译写等国家通用语言文字规范标准及评测认证标准；研究制订公共服务领域外文译写规范标准和国际汉语教育中的语言文字规范标准；主导中国语言文字国际标准的制订。加强语言文字规范标准特别是国际标准研制人才的培养。

（四）语言数据库和语料库建设。

建设古今汉字全息数据库。收集整理中国古今汉字，包括国外应用汉字，理清汉字发展演变的历史，推动中国文字的历史传承、现实应用及国际传播。

建设中国百年语言文字规范标准数据库。收集整理中国百年来的语言文字规范标准，建设语言文字规范标准数据库。

建设国家语言资源动态流通语料库。继续建设面向语言资源监测的平面媒体、有声媒体、网络媒体和教育教材等国家语言资源动态流通语料库。完善现代汉语语料库。

（五）语言国情调查。

开展语言国情调查。调查特定地区的语言文字使用情况，为地方经济社会发展提供政策支持；调查机关、新闻出版、广播影视、公共服务行业及其从业人员的语言使用情况，为制定相关行业语言文字政策和满足语言使用需求提供服务；调查手语、盲文等特殊语言文字使用情况，为制订完善手语、盲文规范标准，提高特殊教育质量提供服务；调查网络、手机等新媒体语言和外语词、字母词等的使用情况，加强对虚拟空间语言使用的研究，制定相关政策。

开展语言普查。建立定期语言普查制度，开展普通话、汉字、汉语拼音等使用情况普查；汉语方言的种类、分布区域、使用人群和使用变化状况普查；少数民族语言及其方言的种类、分布区域、使用人群和使用变化状况普查；跨境语言的分布和使用情况普查；外国语言文字在境内的使用情况普查。争取在国家人口普查及其他相关调查中增列语言文字使用状况内容。

建立中国语言数据库。绘制多媒体语言地图，发布中国语言国情报告。促进语言普查数据的开发、利用和社会共享。

三、督查服务

（六）语言文字社会应用监督检查和服务。

完善社会语言生活监测平台。监测研究语言使用实态和语言生活热点，分析语言生活中的新现象，预测语言发展趋势，定期发布语言生活状况报告，并进行基于数据分析的语言战略研究。

打造汉语汉字学习平台。整合汉语汉字规范标准及信息资源，提供资源共享、技术开放的现代化助教助学模式，服务于中小学教学、公民学习和国际汉语教育。

建设语言文字规范标准督查平台和测查认证系统。对传媒、出版物（重点是教材、工具书）、公共场所、信息技术产品以及汉字输入系统中的语言文字使用状况，进行规范标准符合性的测查认证和监督管理。

建设国家语言文字咨询服务平台和语言文字应用服务系统。面向社会开展语言文字政策法规、规范标准、应用业务等的免费咨询服务。加强对网络语言、新词新语等的规范引导。组织开展外语中文译名的监测、规范、审定和发布工作。

（七）国家语言应急服务和语言援助服务。

建立国家语言应急服务和援助机制。根据国家战略需求，制定应对国际事务和突发事件的关键语言政策，建设国家多语言能力人才资源库。促进制订外语语种学习和使用规划。推动社会建立应急和特定领域专业语言人才的招募储备机制，提供突发条件下的语言应急服务。及时为国家有关部门就我国海域、疆域等相关地名和天体命名提供语言文字方面的支持和服务。发挥语言社团作用，建立语言志愿者人才库，广泛吸纳双语、多语人才，为社会提供语言援助。

（八）手语盲文规范和推广。

加快手语、盲文规范标准研制。加强国家通用手语和盲文规范化、标准化、信息化建设，修订通用盲文国家标准，研制通用手语国家标准，研制手语、盲文水平等级标准和手语翻译员等级标准。根据需求，研究制定少数民族手语、盲文。加强手语、盲文推广运用。结合特殊教育学校课程改革，推广使用国家通用手语、盲文。培育和发展手语、盲文社会服务机构，为听力、视力残疾人提供国家通用手语、盲文翻译和语音阅读、提示等服务。加强手语、盲文基础研究。重视手语、盲文高层次人才培养和研究机构建设，充分发挥国家手语和盲文研究中心作用。

四、能力提升

（九）构建语言文字应用能力测评体系。

推进和完善普通话水平测试、汉字应用水平测试和汉语能力测试。加快推进普通话培训测试的信息化建设和资源建设，推进计算机辅助普通话水平测试。适时修订《普通话水平测试大纲》。编写系列普通话学习教材，研制和推行中小学生普通话水平测试标准。修订和完善《汉字应用水平测试大纲》，完善测试系统，加大汉字应用水平测试推进力度。总结试点经验，修订和完善《汉语能力标准》和《汉语应用能力测试大纲》，推进汉语能力测试。

（十）提升学生语言文字应用能力。

提升幼儿普通话水平。幼儿园要创设自由、宽松的普通话交流环境，引导幼儿学会倾听并能清楚地用普通话表达，培养阅读兴趣，养成良好阅读习惯。

加强学生语言文字应用能力培养。中小学校要依据语文课程标准组织教学，加强识字与写字、口语交际、阅读、写作等方面的教学，加强中小学规范汉字书写教育，注重语言文字的综合运用，全面提高中小学生听说读写能力。中等职业学校和高等学校要科学设置语言文字相关课程，以提高语文鉴赏能力、文字书写能力和语言表达与交际能力为重点，全面提升学生的语文素养及语言文字综合运用能力。

建立并完善学生语言文字应用能力评价标准。分级分类制订高校学生和中小学生语言文字应用能力评价标准和测评办法，将口语表达、汉字书写纳入语文教学和评价范围。

（十一）提升国民语言文字应用能力。

提高教师的语言文字应用能力。在教师资格标准中明确国家通用语言文字应用能力要求。将语言文字纳入教师培养和培训的重要内容，全面提高教师的语言文字应用能力。

提高相关职业人群的语言文字应用能力。健全学校、机关、新闻出版、广播影视和公共服务行业等相关行业从业人员的语言文字应用能力职业标准。

提倡国民发展多语能力。在发挥国家通用语言文字主导作用的前提下，根据需要，合理规划，为提升国民多种语言文字应用能力创造条件。

五、科学保护

（十二）各民族语言文字科学记录和保存。

建设中国语言资源有声数据库。科学设计，统一规划，调查收集普通话、汉语方言、少数民族语言的有声语料，整理保存和深入开发利用，科学保存中国各民族语言实态。

（十三）少数民族语言文字信息化建设。

研制少数民族语言文字规范标准。加快制订社会应用和信息化急需的少数民族语言文字基础规范标准。做好少数民族语言的术语规范化工作。

建设少数民族语言文字数据库。收集梳理少数民族语言文字的发展历史和文化信息，建设少数民族语言文化资源库和传统通用少数民族语言的大规模语料库。

（十四）少数民族濒危语言抢救和保护。

支持国家民委完成 20 种少数民族濒危语言的调查工作，出版《中国少数民族语言文字保护丛书》。

六、文化传承

（十五）中华经典诵写讲行动。

推进学校开展中华经典诵写讲行动。各级各类学校要加强经典诵读和规范汉字书写教育，广泛深入开展中华经典诵读、书写、讲解的社团活动和校外活动。组织诵写讲下基层活动，对师生进行诵写讲辅导。加强诵写讲的研究，包括诵写讲与语文教育、养成教育、青少年成长、人文情感培养等方面关系和作用的研究。探索以中华经典诵读、书写教育为基础的诵写讲教育教学方法。

建设中华经典诵写讲行动社会参与平台。继续举办中华经典诵读、规范汉字书写赛事等系列活动。举办传统节日诵读活动。通过对传统节日经典诗文、民间习俗的梳理、筛选，挖掘传统节日的文化内涵，运用多种形式予以呈现，增强传统节日的吸引力和影响力。

建设中华经典诵写讲资源库。遴选体现中华民族优秀文化传统和革命传统、符合社会主义核心价值体系的经典诗文及反映传统节日、各民族文化的优秀篇章，建设中华经典诵写讲资源库，以诵读、书写、讲解等形式予以记录、保存和展示、传播，促进优秀传统文化和革命文化传承体系建设。

（十六）港澳台地区及海外合作交流。

服务港澳同胞普通话学习和培训测试。根据港澳同胞学习普通话的需求，对港澳同胞普通话水平测试、港澳地区教师普通话培训、内地和港澳地区学生暑期普通话交流项目提供支持和服务。合作开展普通话培训测试的科学研究。

推动海峡两岸语言文字业务交流。积极推动两岸合作编纂中华语文工具书工作，完善"中华语文知识库"网站建设，推动两岸语言文字智库、合作开展普通话培训测试等项目的实施，举办两岸语言文字学术研讨会及语言文化交流论坛，继续开展术语和专有名词等的研究规范工作，推动异读词审音、汉语文本简繁转换系统研发、字词对应数据库研制等方面的合作。实施两岸青少年语言文化交流项目。

　　鼓励海外侨胞来华学习汉语。举办海外华人华侨子弟"母语寻根"夏令营活动，实施海外华文教师普通话培训工程。

　　加大普通话培训测试的海外推广力度。深化与境外相关机构在普通话培训测试、汉语口语水平测试等方面的合作，进一步拓展在境外的培训测试范围。推进国家通用语言文字培训测试与国际汉语教育、海外华文教育的有效对接。

第四章　创新与保障

一、创新理念思路

　　更新工作理念。适应时代发展，积极培育和树立语言文字的新理念。语言文字是国家的战略性文化资源，是建设创新型国家、建设人力资源强国、推进中国特色新型工业化、信息化、城镇化和农业现代化的基础性资源；推进语言文字事业科学发展，是实现教育现代化的必备条件，是推动社会主义文化大发展大繁荣、推进社会主义文化强国建设的重要内容，是维护国家主权、尊严和核心利益的战略需要，是促进国家统一、民族团结、经济发展、社会进步、提升我国国际地位和国际影响力的迫切要求。

　　转变工作思路。语言文字工作要拓宽视野看作用，融入发展促发展，积极融入国家发展大局，积极争取各级政府和社会各界的支持，主动与包括教育工作在内的经济社会发展等各项工作有机结合，努力探索新的事业发展增长点和工作着力点，在提供支撑和服务的过程中实现自身价值，推进自身的发展。

　　完善工作内容。语言文字工作要自觉履行"大力推广和规范使用国家通用语言文字，科学保护各民族语言文字"的基本职责，努力实现工作内容的拓展，进一步增强服务意识、提升服务能力、创新服务方式，做好语言文字社会咨询服务工作，坚持监督检查与社会服务并重；要注重语言文字工作法制化、规范化、标准化、信息化建设，注重推广普及国家通用语言文字质量水平的提高，加大投入力度，在农村、边远、民族地区扎实推广普及国家通用语言文字，注重发挥语言文字在传承弘扬中华优秀文化中的重要作用。

二、创新工作机制

建立和完善全国语言文字工作"政府主导、语委统筹、部门支持、社会参与"的管理体制。进一步明确各级政府对语言文字工作的主导责任，切实加强对语言文字工作的领导和支持。各级教育行政部门（语言文字工作部门）要切实履行统筹职能，充分发挥语委成员单位的作用，积极争取相关部门和社会组织的支持，建立和完善分工协作、齐抓共管、协调有效的工作机制，从体制和机制上确保语言文字工作的有序开展。

建立健全语委议事机制。建立健全语委全体会议、语委咨询委员会、外语中文译写规范部际联席会议及专家委员会，以及各专业机构、专项工作组等制度或组织。充分依靠各成员单位和相关部门，充分发挥专家群体的才智和作用。建立健全语言文字及相关领域学术团体和社会组织，积极支持其开展或参加语言文字方面的宣传教育、学术研究、业务培训、合作交流、维权自律等活动。

三、创新管理服务

依法加强监督检查。将国家通用语言文字规范要求纳入地方各级政府行政执法督查范围，建立综合执法机制，完善和细化执法程序和标准，切实依法加强监督检查。充分尊重和依靠人大监督、司法监督、群众监督、舆论监督等，健全语言文字法律法规的监督执行机制。

建立长效协调督查机制。将语言文字工作要求纳入各级政府及教育行政部门（语言文字工作部门）年度工作总结和相关干部考核范围。在有关部门的配合下，将语言文字规范要求纳入精神文明建设、普法宣传教育、机关行文规范、教育督导、新闻出版编校质量、广播影视制作播出质量、工商行政监管和城市市容管理等范围，并建立相应机制或制度。

创新监督检查方式。加强和改进行政督查的方式和手段，提高依法行政的水平和实效。探索并建立运用法律、行政、教育、科技、自律等综合手段实施督查的新体系。建设基于数字网络技术的，覆盖广泛、查询便捷的社会语言文字规范应用监督检查与服务网络平台，实行科学有效的监督检查。

创新服务方式。通过协作机制或联席会议制度等方式，为经济、民政、国土、民族、外交、国防等部门提供语言文字业务服务，促进经济社会发展，维护国家主权统一和核心利益。通过与学校、学术团体、社会组织等单位的合作，为相关行业提供语言文字方面的专业培训、职业培训和评估测试等服务。通过网络服务平台、各种媒体和相关社会活动，宣传国家语言文字法律法规、政策制度，推广普及国家通用语言文字，提供语言文字咨询服务和应急援助。推进语言文字工作系统政务信息化建设。结合文化产业发展，注重开发语言资源，支持发展语言产业，为社会提供多样化语言文字服务。

四、扩大对外开放

进一步扩大语言文字工作的对外开放程度。通过多种途径加强语言文字的对外交流和传播，扩大中华语言文字的国际影响力，拓展中华文化传播的广度和深度。

建立健全与相关涉外机构、对外传播机构的协作关系和协作机制，通过孔子学院教学、海外中国文化中心活动、高校来华留学生教育、对外汉语培训、对外传播媒体和新媒体的宣传报道，以及节目交流、民间外交、青年交流活动等各种方式和途径，积极主动地对外传播包括语言文字在内的中华文化，为展示当代中国和平发展的国家形象和增进世界人民对中国的理解信任发挥积极作用。

五、强化人才保障

创新管理队伍培训方式。建立培训制度，通过举办"中央普通话进修班"，实施中青年骨干海外研修计划、语言文字管理干部岗位培训和专题研修、测试员提高培训等项目，对语言文字专兼职管理队伍开展上岗培训和定期轮训，建设高水平、专业化的管理队伍和测试员队伍。以现有资源为基础，建立国家级培训基地。

加大专家队伍培养力度。通过科研资助、出国研修、重点培养等方式遴选培养一批优秀的语言文字专家，改善工作条件，完善用人机制，进一步发挥专家学者在学术理论和政策研究、规范标准研制和咨询服务中的作用。

健全奖励制度。对在国家语言文字事业发展中做出突出贡献的组织和个人，按国家有关规定予以表彰奖励。

六、提高科研水平

发挥科学研究的支撑作用。围绕国家经济、政治、文化、社会、生态文明建设和语言文字方针政策、规范标准，以及社会语言生活中的重大问题和热点问题，开展战略性、前瞻性、对策性研究，为语言文字事业改革发展提供有力支撑和智力支持。

加强科研管理和机构建设。积极整合相关研究力量，充分发挥高等学校、科研院所和学术团体的作用，重点建设好国家语委科研基地。建立和完善科研管理制度，提升科研管理的信息化水平，重视研究成果的共享和社会应用。

加强应用语言学学科建设。注重培养、扶持学科带头人和领军人物，支持其开展学术、业务研究与创新。提升学科地位和学术影响力。促进语言学研究方法和研究手段的现代化。鼓励跨学科、跨领域开展研究，鼓励协同创新。

七、加大宣传力度

创新宣传方式。将《国家通用语言文字法》的学习宣传纳入普法规划和普法教育内容。继续开展全国推广普通话宣传周活动，创新活动内容、载体和方式，推动农村、边远、民族地区提高普通话普及程度。编写有关语言国情、语言文字政策法规和规范标准等系列普及丛书。

构建宣传体系。加强语言文字网站、报纸、期刊和出版物等宣传阵地建设，充分利用新闻媒体，创新宣传手段，加强舆论引导，注重对社会关注的语言文字热点问题的宣传解释，营造有利于国家通用语言文字推广和规范使用的社会环境。

八、保障经费投入

建立健全语言文字事业经费投入机制。加大对语言文字事业发展的经费投入力度。推动各级财政加大对本规划纲要确定的重点建设项目的经费投入，增加农村、边远、民族地区推广普及国家通用语言文字的经费投入。制定相关政策，鼓励地区间建立对口支援和互利合作关系。设立语言文字事业发展基金，支持多渠道筹措经费，鼓励企业、团体、个人捐赠。

本规划纲要的实施主体是各级人民政府及教育行政部门（语言文字工作部门），协同单位是语委成员单位和有关业务主管部门。各地要加强领导，明确责任和分工，把落实本规划纲要提上重要议事日程，制定实施方案和配套政策措施，分阶段、有步骤地组织实施。地方各级教育行政部门（语言文字工作部门）要切实履行统筹协调职能，在党委和政府的统一领导下，统筹安排，精心组织，协调好语委成员单位和相关部门，具体负责组织实施工作，全力推进本规划纲要的落实。

5.《国务院关于推广普通话的指示》

国务院关于推广普通话的指示

（1956 年 2 月 20 日国务院颁布）

汉语是我国的主要语言，也是世界上使用人数最多的语言，并且是世界上最发展的语言之一。语言是交际的工具，也是社会斗争和发展的工具。目前，汉语正在为我国人民所进行的伟大的社会主义建设事业服务。学好汉语，对于我国的社会主义事业的发展具有重大的意义。

由于历史的原因，汉语的发展现在还没有达到完全统一的地步。许多严重分歧的方言妨碍了不同地区的人们的交谈，造成社会主义建设事业中的许多不便。语言中的某些不统一和不合乎语法的现象不但存在在口头上，也存在在书面上。在书面语言中，甚至在出版物中，词汇上和语法上的混乱还相当严重。为了我国政治、经济、文化和国防的进一步发展的利益，必须有效地消除这些现象。

汉语统一的基础已经存在了，这就是以北京语音为标准音、以北方话为基础方言、以典范的现代白话文著作为语法规范的普通话。在文化教育系统中和人民生活各方面推广这种普通话，是促进汉语达到完全统一的主要方法。为此，国务院指示如下：

（一）从 1956 年秋季起，除少数民族地区外，在全国小学和中等学校的语文课内一律开始教学普通话。到 1960 年，小学三年级以上的学生、中学和师范学校的学生都应该基本上会说普通话，小学和师范学校的各科教师都应该用普通话教学，中学和中等专业学校的教师也都应该基本上用普通话教学。各高等学校的语文教学中也应该增加普通话的内容。中等学校、高等学校的就要毕业的学生和高等学校的青年教师、助教，如果还不会说普通话，应该进行短期的补习，以便于工作。教育部和高等教育部应该分别定出大力加强各级学校汉语教学、促进汉语规范化的专门计划，报国务院批准施行。

（二）中国人民解放军部队文化教育中的语文课和中国人民解放军所属各级学校的语文课，都应该用普通话教学。战士入伍一年之内，各级军事学校学员入学一年之内，都应该学会使用普通话。各机关业余学校中的语文教学，也都应该以普通话为标准。

（三）青年团的各地支部和工会的各地组织，都应该采用适当的和有效的方式，在青年中和工人中大力推广普通话。青年团员在学习和推广普通话方面应该起带头作用。工厂（首先是大工厂）中的文化补习学校、文化补习班和农村中的常年民校的高级班，都应该尽可能地、逐步地推广普通话的教学。

（四）全国各地广播电台应该同各地的推广普通话工作委员会合作，举办普通话讲座。各个方言区域的广播站，在它们的日常播音节目中，必须适当地包括用普通话播音的节目，以便帮助当地的听众逐步地听懂普通话和学习说普通话。全国播音人员、全国电影演员，职业性的话剧演员和声乐（歌唱）演员，都必须受普通话的训练。在京戏和其他戏曲演员中，也应该逐步地推广普通话。

（五）全国各报社、通讯社、杂志社和出版社的编辑人员，应该学习普通话和语法修辞常识，加强对稿件的文字编辑工作。文化部应该监督中央一级的和地方各级的出版机关指定专人负责，建立制度，训练干部，定出计划，分别在两年到五年内基本上消减出版物上用词和造句方面的不应有的混乱现象。

（六）全国铁路、交通、邮电事业中的服务人员，大城市和工矿区的商业企业中的服务人员，大城市和工矿区的卫生事业中的工作人员，大城市和工矿区的警察，司法机关中的工作人员，报社和通讯社的记者、文化馆站的工作人员，县级以上的机关团体的工作人员，都应该学习普通话。上述各有关机关应该分别情况，定出关于所属工作人员学习普通话的具体计划，并负责加以执行，使它们所属的一切经常接近各方面群众的工作人员在一定时期内都学会普通话。

（七）一切对外交际的翻译人员，除了特殊的需要以外，应该一律用普通话进行翻译。

（八）中国文字改革委员会应该在 1956 年上半年完成汉语拼音方案，以便于普通话的教学和汉字的注音。

（九）为了帮助普通话的教学，中国科学院语言研究所应该在 1956 年编好以确定语音规范为目的的普通话正音词典，在 1958 年编好以确定词汇规范为目的的中型的现代汉语词典，并且会同教育部和高等教育部，组织各地师范学院和大学语文系的力量，在 1956 年和 1957 年完成全国每一个县的方言的初步调查工作。各省教育厅应该在 1956 年内，根据各省方言的特点，编出指导本省人学习普通话的小册子。教育部和广播事业局应该大量灌制教学普通话的留音片。文化部应该在 1956 年内摄制宣传普通话和教学普通话的电影片。

（十）为了培养推广普通话工作的干部，教育部应该经常举办普通话语音研究班，训练各地中学和师范学校的语文教师和教育行政干部，各机关、团体、部队也应该派适当的干部参加受训。同样，各省、市和县的教育行政机关也应该普遍地举办普通话语音短期训练班，训练各地中小学和师范学校的语文教师，当地机关、团体、部队也应该派适当的干部参加学习。

（十一）国务院设推广普通话工作委员会，统一领导全国的推广普通话工作。它的日常工作，由中国文字改革委员会、教育部、高等教育部、文化部、中国科学院语言研究所分工进行：中国文字改革委员会负责整个工作的计划、指导和检查；教育部和高等教育部负责全国各级学校和业余学校的普通话教学的领导，普通话师资的训练和普通话教材的供应；文化部负责出版物上的语言规范化工作、有关普通话书刊的出版和留音片、电影片的生产；语言研究所负责普通话语音、词汇、语法的规范的研究和宣传。各省、市人民委员会都应该设立同样的委员会，并以各省、市的教育厅、局为日常工作机关。

（十二）各少数民族地区，应该在各地区的汉族人民中大力推广普通话。各少数民族学校中的汉语教学，应该以汉语普通话为标准。少数民族地区广播电台的汉语广播应该尽量使用普通话。各自治区人民委员会可以根据需要设立推广普通话工作委员会，以便统一领导在各自治区的说汉语的人民中推广普通话的工作。

参考文献

1. 国家语言文字工作委员会政策法规室编.国家语言文字政策法规汇编[Z].北京：语文出版社，1996

2. 教育部语言文字应用管理司编．推广普通话宣传手册[Z].北京：语文出版社，1999

3. 四川省语言文字工作委员会办公室组织编写.普通话水平测试训练教程[M].成都：电子科技大学出版社，2003

4. 国家语言文字工作委员会普通话培训测试中心编制.普通话水平测试实施纲要[M].北京：商务印书馆，2005

5. 孙宏开等.中国的语言[M].北京：商务印书馆，2007

6. 袁家骅.汉语方言概要（第二版）[M].北京：语文出版社，2006

7. 宋欣桥.普通话水平测试员实用手册（增订本）[M].北京：商务印书馆，2010

8. 宋欣桥.普通话语音训练教程[M].北京：商务印书馆，2005

9. 四川大学方言调查工作组.四川方言音系[M]成都：四川大学学报（社科版），1960（3）

10. 张一舟，邓英树等.四川省志·方言志（1986—2005）[M].北京：方志出版社，2012

11. 王浩.自贡方言研究与社会应用[M].成都：西南交通大学出版社，2016

12. 代晓冬.普通话语音与口语表达训练教程[M].成都：西南交通大学出版社，2012